Atelier ST : Faktorenhaus Schönbach

Silvia Schellenberg-Thaut
Sebastian Thaut

Atelier ST : Faktorenhaus
Schönbach

Steidl

ATELIER ST
  SANIERUNG EINES
  FAKTORENHAUSES VON 1785 — 23

BESTAND UND ENTKERNUNG
2017–2018 — 26

ATELIER ST
  ZEICHNUNGEN UND PLÄNE — 37

JEANETTE KUNSMANN
  FAKTOR ZUKUNFT –
  EINE WIEDERBELEBUNG
  IN SCHÖNBACH — 47

ROBERT RIEGER
  FAKTORENHAUS SCHÖNBACH
  IM OKTOBER 2020 — 59

GLOSSAR — 98
CHRONOLOGIE /
  AUTORINNEN UND AUTOREN — 100
DANK /
  IMPRESSUM — 102

UMGEBINDE, GEREINIGTE UND GEBÜRSTETE BESTANDSHÖLZER
HOLZART: EICHE, Z. T. NADELHÖLZER
ANSTRICH: LEINÖLFARBE
FARBTON: SILBERGRAU, HANDAUSMISCHUNG

KARBONISIERTE BODEN-DECKEL-HOLZSCHALUNG
HOLZART: LÄRCHE, MIT UNTERSCHIEDLICHEN BRETTBREITEN
ALS HINTERLÜFTETE VORHANGFASSADE
OBERFLÄCHE: GEFLAMMT

UMGEBINDE, GEREINIGTE UND GEBÜRSTETE BESTANDSHÖLZER
HOLZART: EICHE, Z. T. NADELHÖLZER
ANSTRICH: LEINÖLFARBE
FARBTON: SILBERGRAU, HANDAUSMISCHUNG

TÜRPORTAL UND FENSTERGEWÄNDE, GRANIT
FASSADENOBERFLÄCHE: KALKPUTZ ALS PINSELANSTRICH
HOLZGEBRANNTER, ALTMANNSTEINER KALK MIT LEINÖLZUSATZ
FARBTON: KALKWEIß

HANDGESCHNITZTE ZIERRAHMUNG
FÜR FENSTER UND FENSTERVERDACHUNG, NADELHOLZ
DECKLASURANSTRICH: ACRYLLACK (NCS S 0502-Y)

AUFGEARBEITETE HISTORISCHE HAUPTEINGANGSTÜR
HOLZART: EICHE, IN DIAGONALSTRUKTUR VERLEGT
OBERFLÄCHE: ÖLFARBE, HALBDECKENDER ANSTRICH
FARBTON: SEPIABRAUN (NCS S 8005-Y50R)
STAHLNIETEN ALS SICHTBARE KONSTRUKTIONSVERBINDUNG
HISTORISCHER STAHLTÜRDRÜCKER MIT BUNTBART-SCHLOSS

ERDGESCHOSS: DECKENGEWÖLBE UND WÄNDE MIT KALKPUTZ BESCHICHTET
ANSTRICH: HOLZGEBRANNTER ALTMANNSTEINER KALK
FARBTON: KALKWEIẞ

SCHÖNBACH (OBERLAUSITZISCH: *SCHIMMCH*, OBERSORBISCH: *ŠUMBACH*) IST EINE SÄCHSISCHE GEMEINDE IM LANDKREIS GÖRLITZ, IM SÜDOSTEN SACHSENS NAHE DER GRENZE ZU NORDBÖHMEN (TSCHECHIEN). HÖHE: 378 M ÜBER NHN / EINWOHNER: 1090

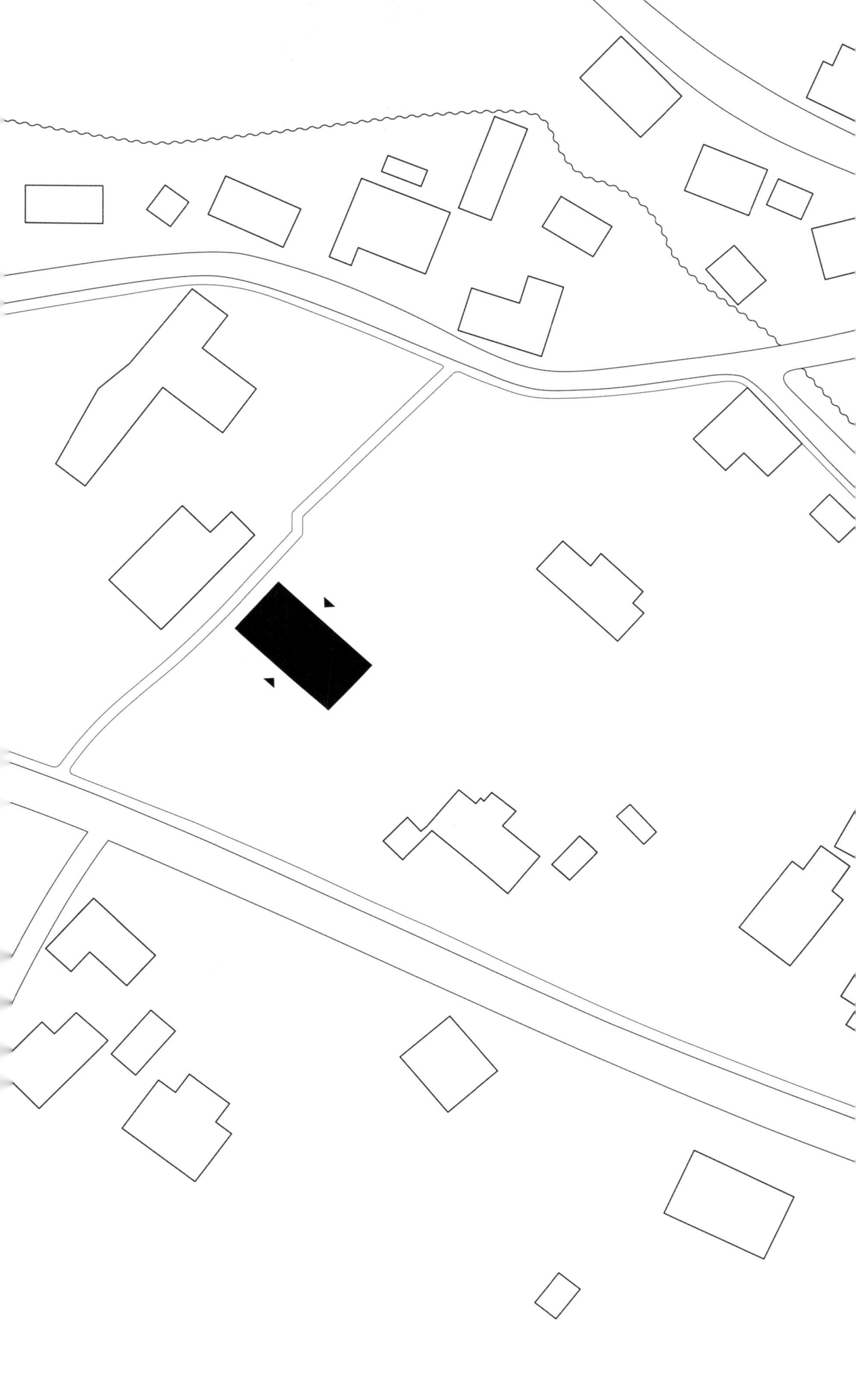

SILVIA SCHELLENBERG-THAUT
SEBASTIAN THAUT

Sanierung eines Faktorenhauses von 1785

Von Architektinnen und Architekten erwartet man stets Neues. Schon in der Ausbildung stehen der Fortschritt und jüngste Entwicklungen im Mittelpunkt der Lehre. Entwürfe müssen innovativ und zukunftsgewandt sein. Der Umgang mit dem Bestehenden wird als nebengeordnetes Betätigungsfeld zwar langsam in das Curriculum der Architekturfakultäten aufgenommen, als *sexy* gilt die Beschäftigung mit dem Vorhandenen jedoch noch nicht. Das Bauen im Bestand birgt scheinbar zu viele Restriktionen, Vorgaben und die Kreativität einschnürende Bedingungen in sich. Dabei ist das Gegenteil der Fall. Nichts hat mehr Kraft als die Substanz des Bestehenden. Genau aus diesem Grund leben und arbeiten die meisten Architekten in historischen Gebäuden: ob in einem Fabrikloft, in einer Villa oder in einem gut proportionierten Gründerzeithaus, die Aura des Vorhandenen scheint sie zu beflügeln.

Wie wird das Alte jedoch zu neuem Leben erweckt? Dafür gibt es kein Patentrezept. Die Handlungs- und Kreativitätsspielräume hängen vom Zustand des Objekts und den neuen Nutzungsanforderungen ab. Die Möglichkeiten sind jedoch schier unerschöpflich, sie reichen vom Reparieren, Recyceln, Erneuern bis hin zum Ersetzen und Ergänzen. Die Beschäftigung mit dem Bestehenden lohnt sich in jedem Fall. Dafür braucht es vor allem den Mut, der eigenen Intuition zu vertrauen, und ein gewisses Maß an Feingefühl.

Für das in diesem Buch vorgestellte Faktorenhaus galten enge denkmalpflegerische Vorgaben, die äußerlich kaum Veränderungen am Bauwerk zuließen. Wie so oft bilden jedoch gerade Einschränkungen den fruchtbaren Nährboden für eine tatsächlich kreative Auseinandersetzung. Die Umwandlung der maroden Bausubstanz zu einem zeitgenössischen Verwaltungssitz erfolgte daher maßgeblich von innen. Unser übergeordnetes Ziel bestand darin, eine von außen unerwartete Großzügigkeit unter Einbeziehung der Bestandsstruktur zu generieren. Einerseits ging es um die sensible Wiederherstellung des 250 Jahre alten Bestands und andererseits um einen radikalen Aufbruch ins Jetzt.

Die Messlatte für alles Neue war dabei immer die handwerklich hohe Qualität des Bestehenden. Bei der Realisierung dieser Kompositionen haben wir unser klassisches architektonisches Handwerkszeug um Eigenschaften wie Ausdauer, Geduld und Demut erweitert.

Um diese Konzeption in die Tat umzusetzen, benötigten wir die Sensibilität, Aufgeschlossenheit und Wertschätzung eines guten Bauherren ebenso wie die Handwerker, die ihre Arbeit lieben und diese mit höchster Kompetenz ausführen. Zu unserer großen Freude hatten wir beides.

BESTAND UND ENTKERNUNG
2017 – 2018

FASSADENZUSTAND NORDSEITE, MIT UMGEBINDE 2017

WAND- UND BODENSANIERUNG IM MASSIVEN ERDGESCHOSSTEIL 2018

ENTKERNUNG 1. OBERGESCHOSS 2018

BLICK VOM OBERGESCHOSS IN DEN SPITZBODEN NACH TEILRÜCKBAU DER DECKEN 2018

DACHGESCHOSS NACH DER ENTKERNUNG

SPITZBODEN NACH DER ENTKERNUNG   2018

ZEICHNUNGEN UND PLÄNE

UNTERGESCHOSS

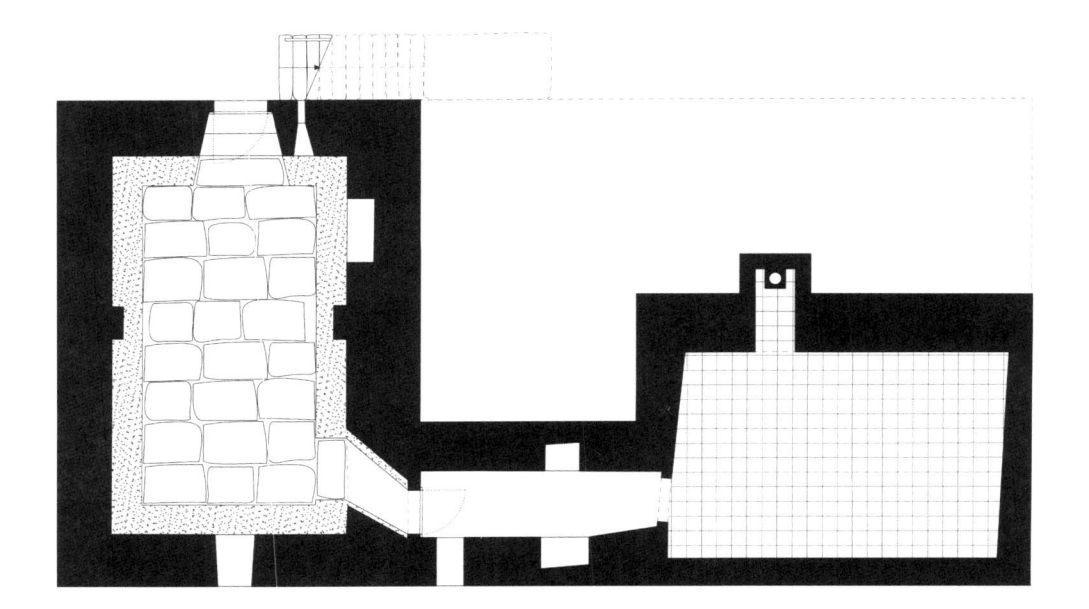

ERDGESCHOSS

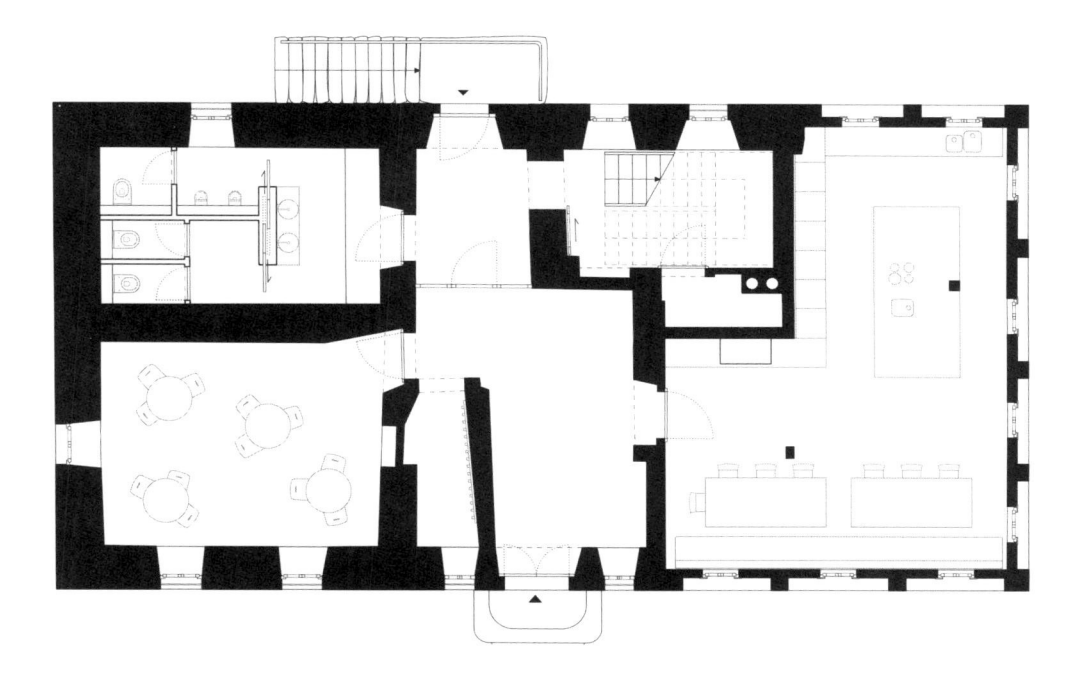

OBERGESCHOSS

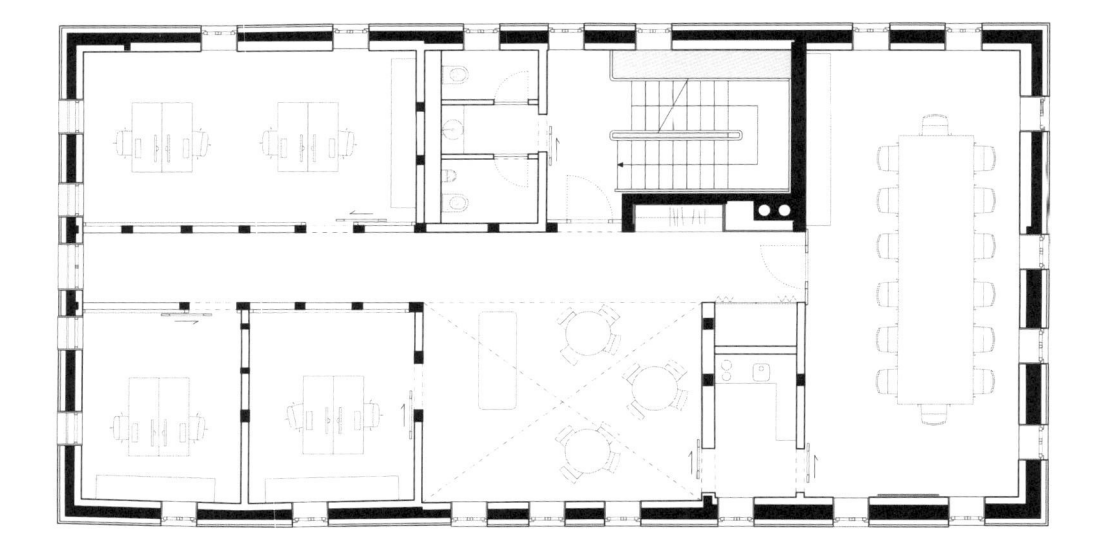

DACHGESCHOSS

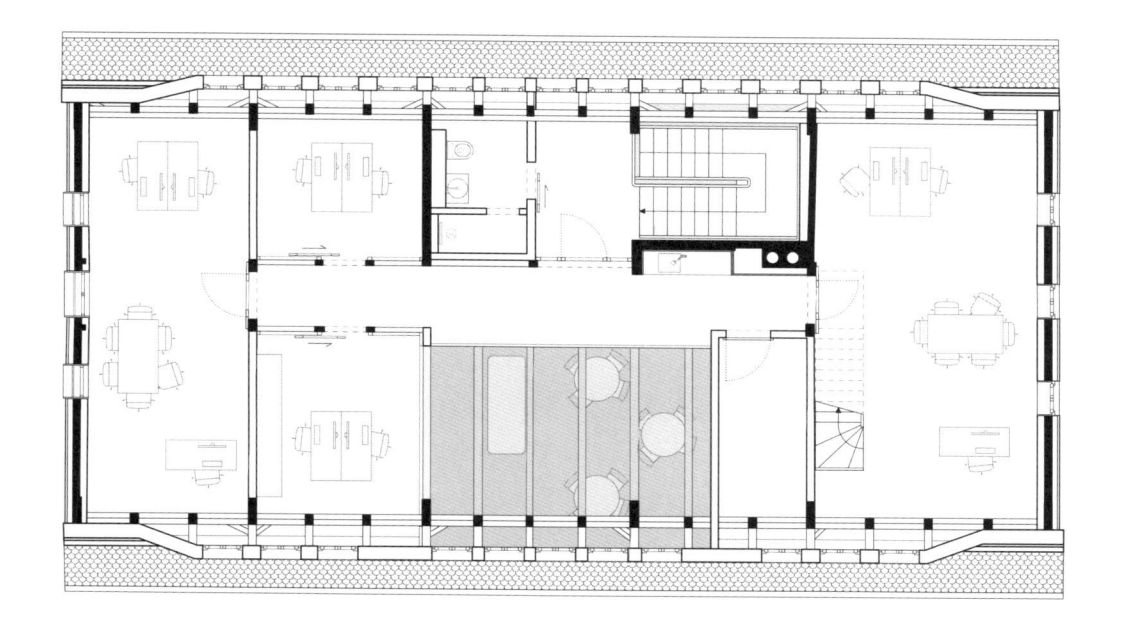

GEBÄUDESCHNITT
QUER

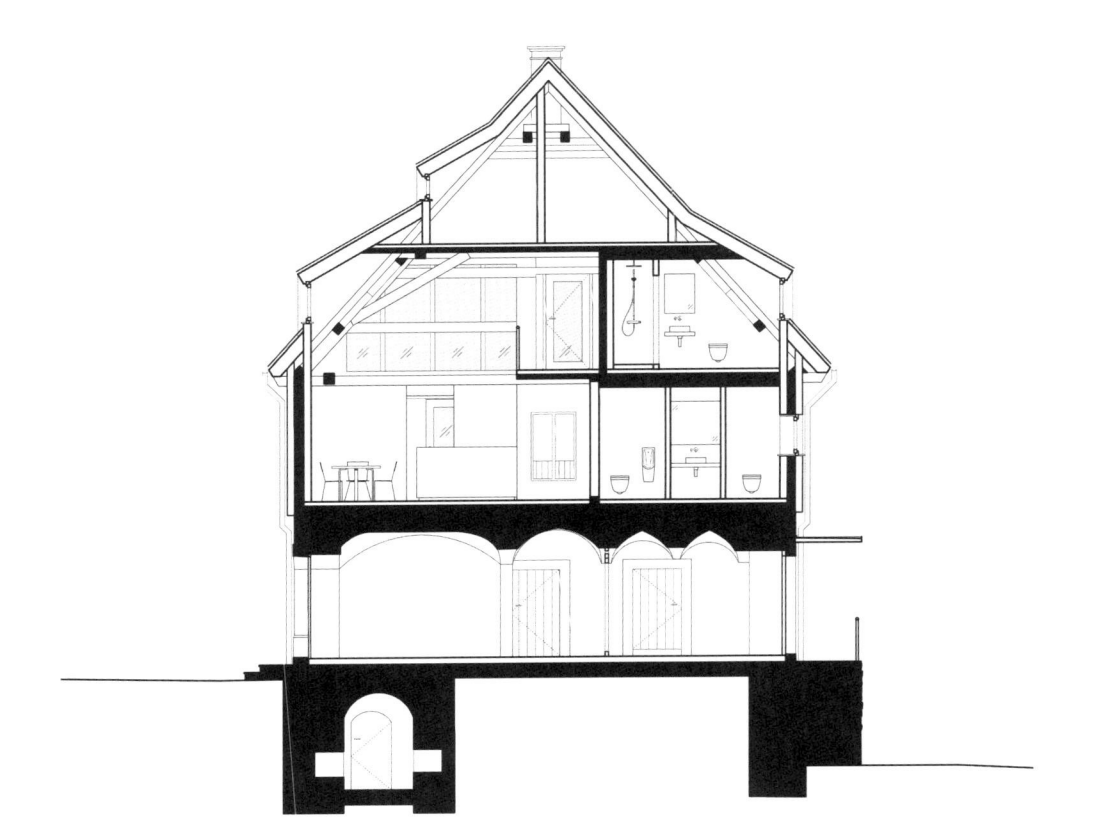

GEBÄUDESCHNITT
QUER

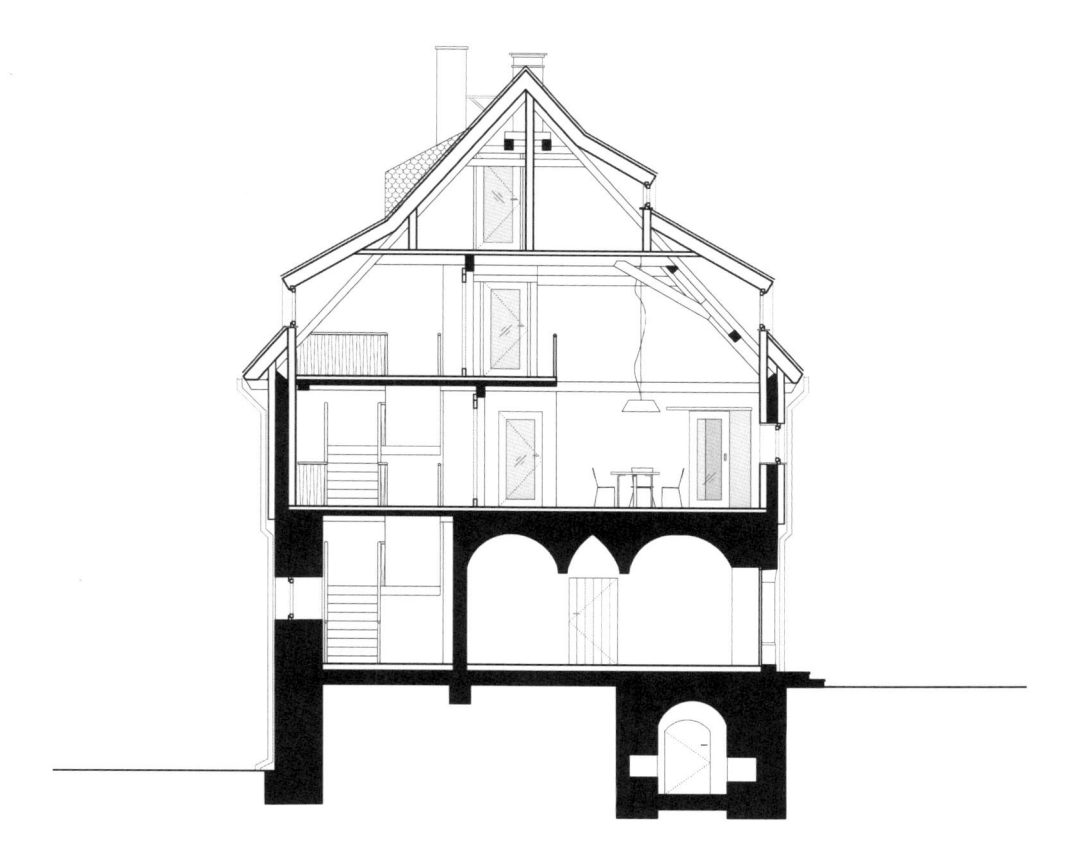

GEBÄUDESCHNITT
QUER

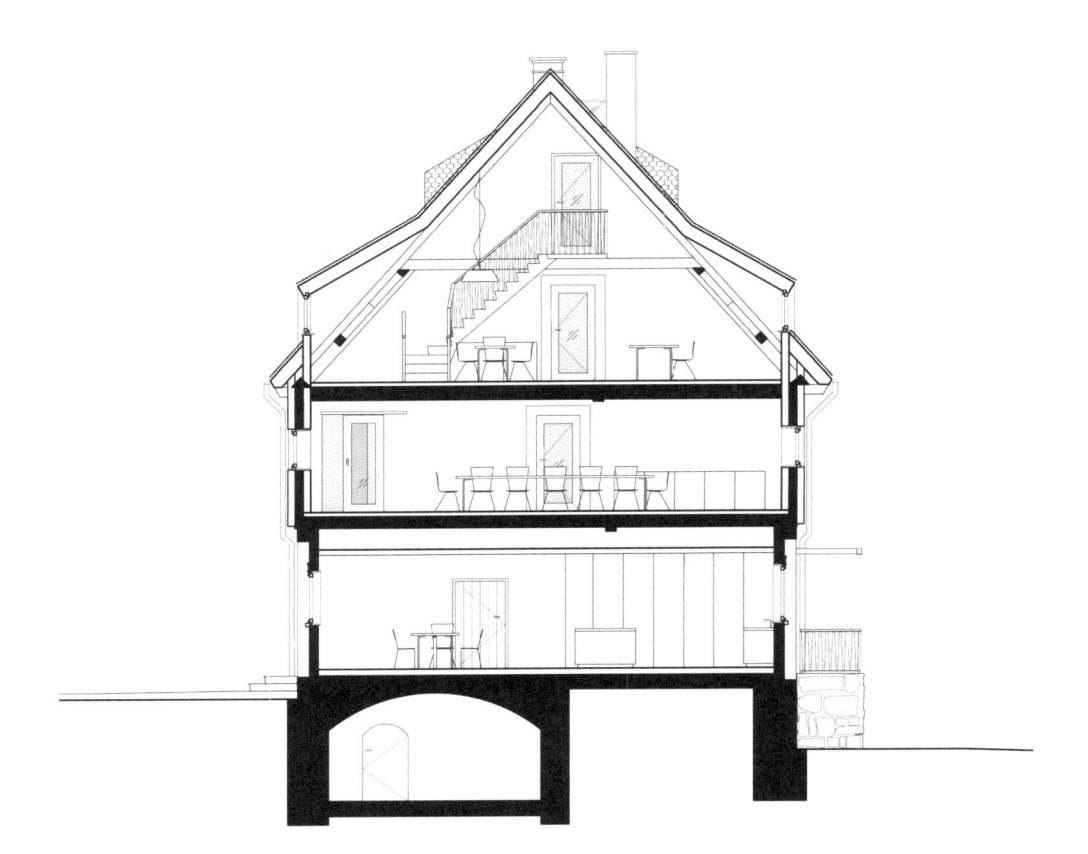

GEBÄUDESCHNITT
LÄNGS

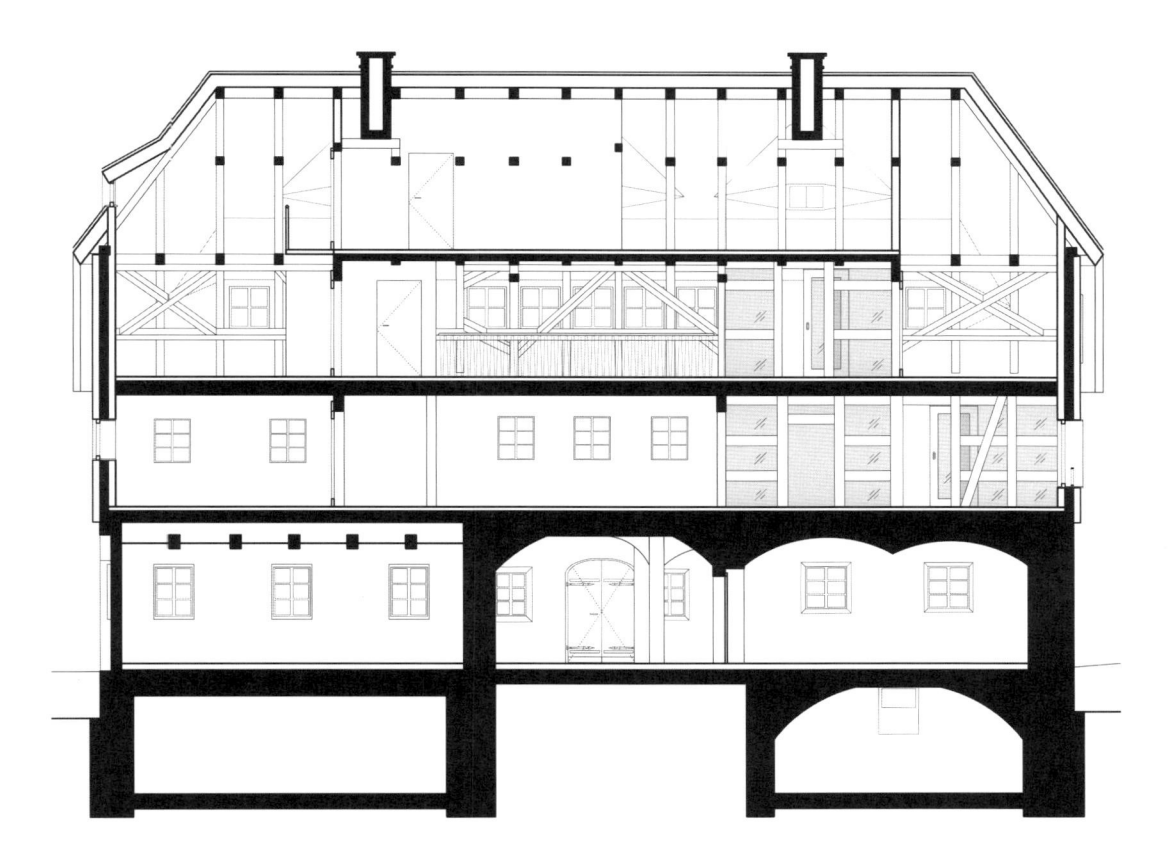

JEANETTE KUNSMANN

Faktor Zukunft Eine Wiederbelebung in Schönbach

Wie es gelingt, ein fast 250 Jahre altes Wohn- und Geschäftshaus so umzuwandeln, dass Gegenwart und Zukunft zwischen den Wänden der Vergangenheit Platz finden.

Schönbach, Landkreis Görlitz, Oberlausitz: idyllische Landschaften, stille Hügel, »schöne Buchen am Bach«. Dass es entlang der deutschen Grenze zu Polen und Tschechien Europas größtes Flächendenkmal zu entdecken gilt, ist bisweilen noch ein kleines Geheimnis.

Über 19.000 sogenannte Umgebindehäuser zählen die drei Länder zusammen, was diese Typologie der Volksbauweise zu einem echten Wahrzeichen macht. Dabei formt jedes Bauwerk ein Unikat, kein Haus gleicht dem anderen. Ebenso individuell sind auch die Raumaufteilungen. Gebaut aus einheimischen Hölzern wie Fichte, Kiefer und in seltenen Fällen Eiche, beruht die statische Konstruktion zwar immer auf demselben Prinzip, der Rest allerdings ist Handarbeit. Jeder Baum hat einen anderen Wuchs, das Holz wurde von jedem Handwerker auf andere Weise geschlagen, geschnitten und verbaut. Im Umgebindehaus trifft fränkisches Fachwerk auf slawischen Blockbau. Allein in der Oberlausitz finden sich rund drei Dutzend denkmalgeschützte Umgebinde, die von der UNESCO als Weltkulturerbe gelistet sind.

Auch das Faktorenhaus Schönbach ist so ein denkmalgeschütztes Umgebindehaus – bisher allerdings ohne Welterbe-Status. Noch. Der hellgraue Sockel wirkt massiv wie eine Festung, darüber erhebt sich nicht ohne Stolz ein mit schwarzem Holz verkleidetes Obergeschoss, beschützt von einem rostrot gedeckten Dachstuhl, der Passanten mit seinen drei schmalen Gauben zuzublinzeln scheint. Zimtbraun schimmert das Holz in der Sonne, lilienweiß leuchtet der Fassadenputz, dahinter glänzt flaschengrün der Wald. Das Innere riecht nach gekalktem Mauerwerk und Lehmputz. Tiefknarrende Holzdielen flüstern mit sanften Seufzern von früheren Tagen. Im Kamin lodert ein wärmendes Feuer, im Garten wachsen Gräser und Kräuter. Was ist das für ein Kleinod, das ein Möbelhändler zum neuen Hauptsitz seiner Verwaltung gemacht hat?

RUINE MIT CHARME

»Entweder ein Neubau oder die Sanierung eines historischen Objektes«, bringt Uwe Starke die damalige Ausgangsfrage für eine zukünftige Unterbringung der Verwaltung seiner Küchenfachmärkte auf den Punkt. Er ist in Löbau geboren, in Schönbach aufgewachsen und dort geblieben. Von der vor 120 Jahren gegründeten Tischlerei des Urgroßvaters über die Eröffnung des ersten Einrichtungshauses Möbel STARKE 1990 kurz nach der Wende bis hin zu weiteren Filialen hat sich das Schönbacher Familienunternehmen in vier Generationen vor allem zu einem der größten Küchenspezialisten in Sachsen entwickelt. Bautzen, Dresden, Görlitz, Pirna, Radebeul und Zittau: Uwe Starke ist über Schönbach hinaus bekannt, bestens vernetzt, eine verlässliche Größe. Der 58-Jährige ist ein wichtiger Unternehmer in der Region, er ist nicht nur guter Geschäftsmann, auch Kunstkenner, gelernter Tischler, studierter Architekt – ein Liebhaber des Guten, Wahren und Schönen. Die Pionierrolle, die er in seiner Heimat einnimmt, geht bereits auf die nächste Generation über.

Keine einhundert Meter von Starkes vorigem Verwaltungssitz Schönbach entfernt, blickt er auf ein baufälliges, aber durchaus beeindruckendes altes Haus: ein Oberlausitzer Umgebindehaus, unter dessen Dach einst feinste Stoffe, Textilien, Garn und andere Gewebe lagerten. Weil das Gebäude kurz nach der Wende von einem russischen Unternehmer erworben wurde, der allerdings nie den Kaufpreis bezahlt hatte, blieb es insgesamt 25 Jahre lang ungenutzt; die Rückabwicklung beanspruchte zehn Jahre. Der Leerstand zeichnete sich in die alten Mauern, die anfallende Notsicherung hatte glücklicherweise die Gemeinde Schönbach übernommen. Als Uwe Starke das Haus 2016/2017 für einen symbolischen Kaufpreis erwarb, war es eine Ruine, »aber eine Ruine mit Charme«, wie der Unternehmer betont.

Ein Faktor, also ein Kaufmann, hatte das Wohn- und Geschäftshaus als Umgebinde mit Blockstube im 18. Jahrhundert errichten lassen. Als Händler hatte er Stoffe auf- und weitergekauft, mit Garnen und anderen Materialien oder Werkzeugen gehandelt, weshalb sein Faktorenhaus mit den Lagerflächen unterm Dach eine gewisse Größe und Grandezza haben musste. Dass der Faktor als wohlhabender Kaufmann finanzielle Mittel für beste Baumaterialien zur Verfügung hatte, erzählen noch heute die beständig gebauten Gewölbe und das Tragwerk. Während der ersten Begehungen erkennt Starke, wie solide die Grundsubstanz ist: »Viele Bauelemente sind von so hoher Qualität, dass die Struktur auch mal 25 Jahre Leerstand aushalten konnte.«

Das Projekt ist nicht seine erste Baustelle. Uwe Starke weiß genau, worauf er sich bei dem Bestandsbau einlässt. Und als studierter Architekt ist ihm bewusst, dass er neben Fachleuten aus der Restaurierung und aus dem Baugewerbe ein besonderes Architekturbüro finden muss, das ein individuelles Konzept für diesen Umbau entwirft. Für seinen Firmensitz will er etwas Einzigartiges schaffen, das über eine reine Sanierung und denkmalpflegerische Instandsetzung hinausgeht. Über die Arbeit des Atelier ST aus Leipzig liest er in einem Zeitungsartikel. Die Architekten hatten gerade die Scheune eines Vierseitenhofs saniert: zeitgemäß und bisweilen radikal, dabei aber mit dem notwendigen Feingefühl für den Bestand. Auf ein erstes Kennenlernen im Leipziger Architekturbüro – die beiden Parteien verstehen sich auf Anhieb gut – folgt ein zweites Treffen vor Ort, bei dem Silvia Schellenberg-Thaut und Sebastian Thaut die traditionelle Typologie des Umgebindehauses entdecken. Eine wirklich verlockende Bauaufgabe. Die gemeinsame Reise beginnt.

EINHEIT AUS ALT UND NEU

Historische Gebäude sind Zeitzeugen und blicken oft auf eine wechselvolle Vergangenheit zurück. Von diesen Zeiten erzählen Wände, Türen, Fenster und Böden. Auch das Faktorenhaus Schönbach hat in den Jahren von 1785 bis 2020 unterschiedlichste Phasen durchlebt. Wobei die letzten Jahrzehnte besonders gravierende Spuren hinterlassen haben. Die Architekten Silvia Schellenberg-Thaut und Sebastian Thaut begreifen den leerstehenden, teilweise verwahrlosten Baubestand der Nachwende-Ruine als besonderes Potenzial. »Wir wollen das Lokale schützen und es weiterbringen, indem wir den Bestand in einer neuen Zeit verorten«, definiert Silvia Schellenberg-Thaut die Haltung der Architekten. Bewahren, reparieren, weiterbauen: Mit dem Scheunenumbau im sächsischen Sermuth und dem erweiterten und sanierten Lutherarchiv in Eisleben und dem damals noch im Bau befindlichen und 2021 fertiggestellten Kunsthaus Göttingen für den Verleger Gerhard Steidl hat sich Atelier ST über Sachsen hinaus deutschlandweit einen Namen gemacht. Der schmale, dreigeschossige Museumsneubau schließt die Baulücke zwischen den ältesten Fachwerkhäusern des Landes elegant.

Die Leipziger Architekten sind sich ihrer Verantwortung bewusst, sie gehen stets behutsam vor und nähern sich dem Bestand Schritt für Schritt: Um einen Eindruck zu bekommen, was das Faktorenhaus tatsächlich für Möglichkeiten bietet, gehen Entrümplung und Freilegung allem voraus. »Das Erdgeschoss und die obere Etage zeigten sich zwar vorwiegend leer, aber im mittleren Geschoss standen Betten sowie ein alter Ofen von illegalen Mietnomaden«, erinnert sich Sebastian Thaut. Während er und seine Frau erste Ideen für das Umbaukonzept erarbeiten, lässt Uwe Starke das gesamte Gebäude von nachträglichen Einbauten und historisch nicht wertvollen Bauelementen befreien.

Als Eigentümer und Bauherr beauftragt er außerdem einen Restaurator mit der Voruntersuchung. Raum für Raum werden sondiert und eine Haus-Chronologie erstellt. Das Ergebnis von über 85 Befunduntersuchungsblättern bildet die umfangreiche Basis für das Entwurfskonzept.

Mehr Licht, mehr Raum und eine durchdachte Struktur: Mit einer Reihe von Maßnahmen übersetzt Atelier ST das historische Umgebindehaus in die Gegenwart. Alle Geschosse sollen dabei ein einheitliches Bild aus allen Zeitschichten bilden, das den Ursprungsbau unter neuer Nutzung weiterschreibt. Das Dach muss abgetragen und erneuert werden. Die Biberschwanz-Deckung ist Auflage der Denkmalpflege. Glücklicherweise können dabei gut 90 Prozent der vorigen Dachziegel wiederverwendet werden. Auf Höhe beider Obergeschosse wurde die nicht originale Verkleidung abgenommen und durch eine neue Verbretterung ersetzt. Die holzkohleverbrannte Oberfläche erinnert an traditionelle Schieferfassaden. Im Erdgeschossbereich kann der nachträglich angebrachte Putz abgeschlagen und durch einen dünn aufgetragenen Sumpfkalkputz, der schemenhaft die darunterliegenden Tragschichten durchscheinen lässt, ersetzt werden: Sumpfkalkschlämme ist hochalkalisch und tötet Bakterien. Zum Schutz vor aufsteigender Feuchte wird außerdem der bestehende Granit als umlaufende Sockelzone vervollständigt.

KLEINE IRRITATIONEN

Auf allen Etagen wurden historische Fensteröffnungen, die verschwunden waren, wiederhergestellt – manche konnten sogar erweitert werden. Der Restaurator erklärt, dass alte Bauweisen wie das Umgebinde traditionell niedrige Öffnungsbereiche von unter einem Meter haben und nur wenige der Fenster größer als 80 mal 80 Zentimeter sind. Volksbauweisen sind eben oft klein, dunkel und eng. Vor allem der Dachboden war historisch ein kalter Raum ohne gedämmte Bereiche. Anders als der nahe gelegene Faktorenhof Eibau bei Ebersbach, der als Museum inklusive des dunklen Dachraums auf der Basis der Erbauungszeit restauriert wurde, erschien es für einen Verwaltungssitz fragwürdig, die Büros unter dem Dach allein mit Kunstlicht zu versorgen. Mit dem Wunsch, das Dach zu öffnen, um es mit Tageslicht zu versorgen, beginnen die Gespräche mit dem Denkmalamt. Dass Neues zugelassen werden muss, weiß auch die Denkmalpflege – vorausgesetzt, es hat einen Grund. Deshalb werden die bestehenden Fledermausgauben im Nordgiebel heute von einer darunterliegenden Hechtgaube ergänzt. Sie zieht sich fast über die gesamte Gebäudelänge des Faktorenhauses. Das Denkmalamt habe von diesem großen Eingriff überzeugt werden können, weil Hechtgauben bauzeitlich und lokal in Schönbach vertreten sind, ergänzen die Architekten.

Von außen zeigt sich das Faktorenhaus mit seiner heutigen Anmutung in der Kubatur zwar unbedingt historisch, doch etwas verdeutlicht: Ganz so kann es vor fast 250 Jahren nicht ausgesehen haben. Dieser irritierende Eindruck ist gewollt und löst sich erst im Inneren auf. Den Kontrast zwischen alt und neu haben Architekten und Bauherr auf das Spannungsfeld zwischen außen und innen übertragen. »Uns war es sehr wichtig, nicht alles sofort preiszugeben«, betont Sebastian Thaut. »Damit das Gebäude erfahrbar wird und auf jeder Ebene mit nicht zu erahnenden

Raumeindrücken überrascht.« Im Innenraum bilden die moderne Möblierung sowie Ein- und Rückbauten einen bewussten Gegenpol zur denkmalgeschützten Fassade. Monochrome Bäder setzen mutige Farbakzente. Dort, wo es statisch möglich war, werden im Inneren vorhandene Raumstrukturen aufgelöst. So kann die tragende Konstruktion von innen ablesbar und erlebbar werden. Größte innere Veränderung ist der Rückbau der Treppe, außerdem wurde der Hauptzugang verlegt. Da der Erdgeschossbereich als Veranstaltungsbereich nun öffentlich sein wird, erfolgt der Zugang zum obenliegenden Büro über eine neu eingebaute Stahltreppe. Diese verbindet alle Geschosse und dient als erster Rettungsweg. Zwischen Ober- und Dachgeschoss wird die Decke in großen Teilen entfernt, sodass der Blick in den Dachstuhl frei wird und mehr Tageslicht ins Innere gelangt. In den mittleren Fluren unter dem Dach bleibt nur das Balkentragwerk stehen. Wo möglich, wird die Originalsubstanz erhalten. Die alte Schalung der Tragbalken wird in den Pfetten-Bereichen als sichtbare Schalung wieder aufgebracht. Der offenporige Lehmputz und der Lehm als Füllmasse schützen die Holzkonstruktion vor Witterungseinflüssen, Feuchtigkeit und Insekten. Über einen feinen Lasuranstrich in gebrochenem Weiß werden alte und neue Oberflächen zu einer neuen Einheit optisch verbunden.

Weitere Rückbaumaßnahmen betreffen kleinteilige Raumstrukturen wie die Blockstube im Erdgeschoss. Dort wurden zwei Zwischenwände entfernt. Um die Blockstube in eine neue Zeit fortzuschreiben und sie zum Herzstück des Hauses zu machen, schlagen die Architekten für diesen Bereich eine kleine Gastronomie mit offener Küche vor – »eine Idee, die Uwe Starke sofort gefiel«, erzählt Thaut. »Mit einem offenen, großen Kamin wollten wir die Geborgenheit und Wärme dieses Raumes unterstreichen.« Dazu wird ein neuer Schornstein gesetzt, der alte Schornstein kann ebenfalls aktiviert werden. Und selbst wenn die Sandsteinschornsteinköpfe nur Zierwerk darstellen: »Die Schornsteinköpfe aus Sandstein sind eine Einmaligkeit«, erzählt Bauunternehmer Jens Jannasch und betont, dass er solche wie diese bisher nirgends vorgefunden habe. Er hatte schon vor zwanzig Jahren die ersten Lausitzer Umgebindehäuser saniert – das Baugeschäft Jannasch mit Sitz im benachbarten Oppach hat sich von Beginn an auf ökologische Sanierungen mit natürlichen Baustoffen spezialisiert. Sein enormes Fachwissen schätzen Architekten, Bauherren und die Denkmalpflege. Seine Erfahrungen mit der Sanierung von Umgebindehäusern sind ohne Zweifel profund. Und doch lernt auch Jannasch mit jedem Umbauprojekt dazu, und in Schönbach stellten für ihn die Schornsteinköpfe eine der großen Herausforderungen dar: »Sie zu sichern, herunterzunehmen und von einem Restaurator wieder aufarbeiten zu lassen«, beschreibt der Experte als nervenzehrende Angelegenheit. Am Ende gelingt es ihm und seinem Team gemeinsam mit dem Stuckateur-Meister, die aufgearbeiteten Schornsteinköpfe wieder harmonisch in der Substanz zu integrieren. Für Aufregung sorgt auf einer Baustelle meistens das, was später niemand sieht.

Zusammenarbeiten, zusammenhalten, miteinander bauen. Das sind für Uwe Starke drei Eigenschaften, die seiner Ansicht nach neben dem qualifizierten Handwerk die Region rund um Schönbach auszeichnen. »Nicht nur das Gebäude sollte in eine neue Zeit fortgeschrieben werden, sondern auch das Handwerk, das leider mehr und mehr verloren geht. Die Lausitzer beherrschen dies noch par excellence«, loben die Architekten. Weil alle neuen Elemente der Qualität des Bestehenden in nichts nachstehen durften, konnte ein stimmiges Bild höchster baulicher Qualität geschaffen werden. Das Faktorenhaus sollte schließlich für die nächsten Jahrzehnte ausgestattet sein.

 Beim Bauen im Bestand müssen viele Entscheidungen, um richtige Lösungen zu finden, vor Ort getroffen werden. »Eine Wand wird abgetragen und plötzlich sieht es dahinter ganz anders aus, als erwartet«, wissen die Architekten von Atelier ST aus langjähriger Erfahrung. Um auf solche Situationen schnell und adäquat zu reagieren, wurde beim Faktorenhaus-Umbau neben präzisen Ausführungs- und Detailzeichnungen viel nach Handskizzen gebaut. Dazu braucht es Vertrauen und Wertschätzung zwischen Handwerk und künstlerischer Bauleitung. »Die Handwerker waren schon überrascht, wie genau die gebauten Räume unseren Computersimulationen entsprechen«, erinnert sich Silvia Schellenberg-Thaut. Mit den Umbauarbeiten in Schönbach haben sich für die Architekten gute neue Kontakte und Beziehungen entwickelt: Sie konnten bereits mit einigen der Lausitzer Handwerker auf anderen Baustellen zusammenarbeiten.

So verknüpfen sich Konzept und Zufall, Entwurf und Bestand, Idee und Material im Laufe eines langen Prozesses zu neuen Verbindungen. Vom Entrée in der Diele über die Blockstube bis hoch zu dem Zimmer mit der grünen Kassettendecke: Trotz aller Neuerungen finden sich im Faktorenhaus immer wieder Rückblicke in die Historie. Denkmalpflege bedeutet, Geschichte muss ablesbar bleiben.

Dabei darf die Baugeschichte des Hauses weitergeschrieben werden. In Schönbach ist es Uwe Starke zusammen mit dem Atelier ST und der Expertise von Restaurator, Bauunternehmer und den weiteren beteiligten Gewerken gelungen, den alten Mauern mit Respekt und Haltung zu begegnen und dennoch Neues hinzufügen, ohne einen Fremdkörper zu erschaffen. Wenn jedes Lausitzer Umgebindehaus ein Unikat ist, bleibt auch das Faktorenhaus Schönbach weiterhin einzigartig. Vielleicht sogar für immer. Aber das ist eine andere Geschichte.

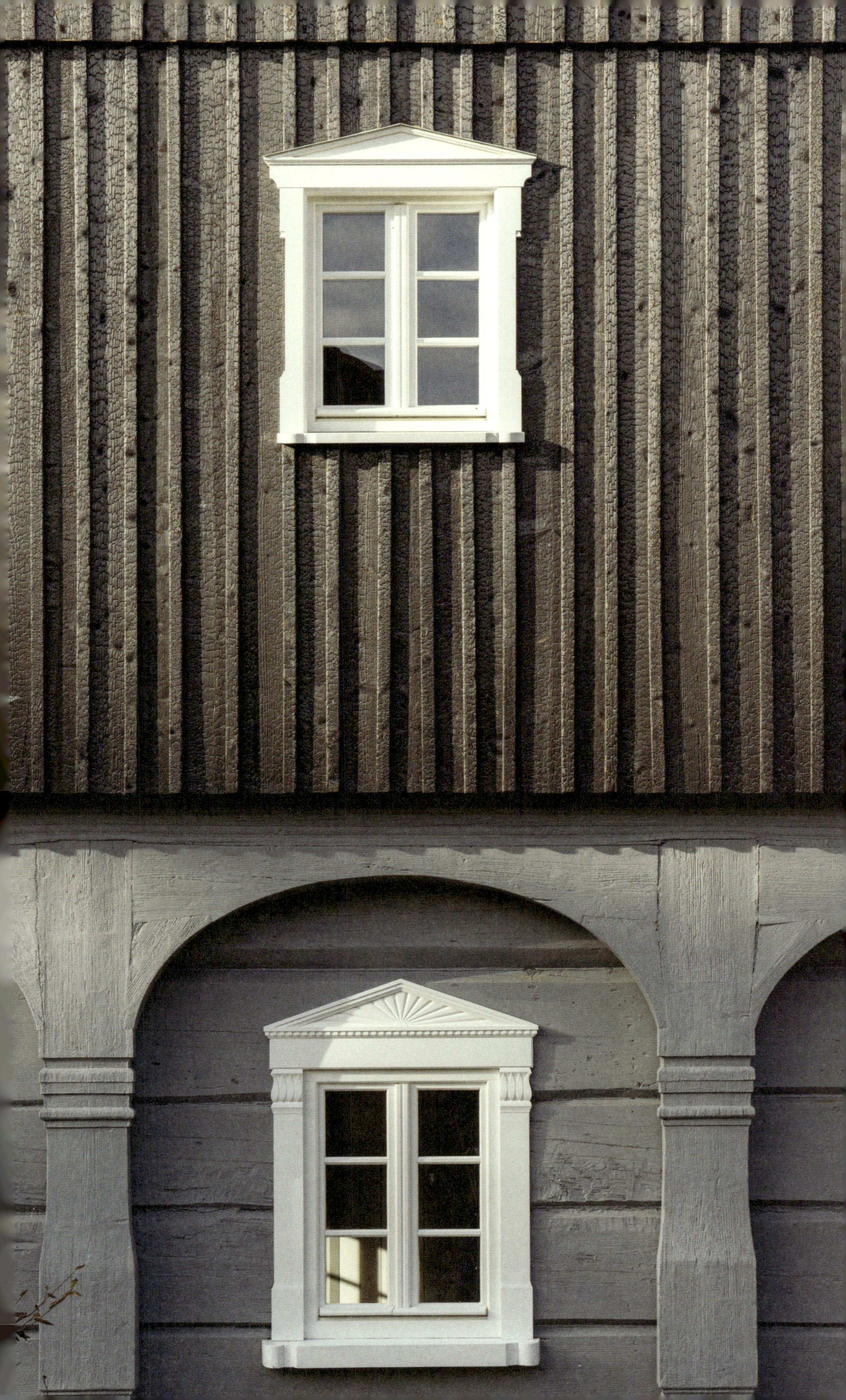

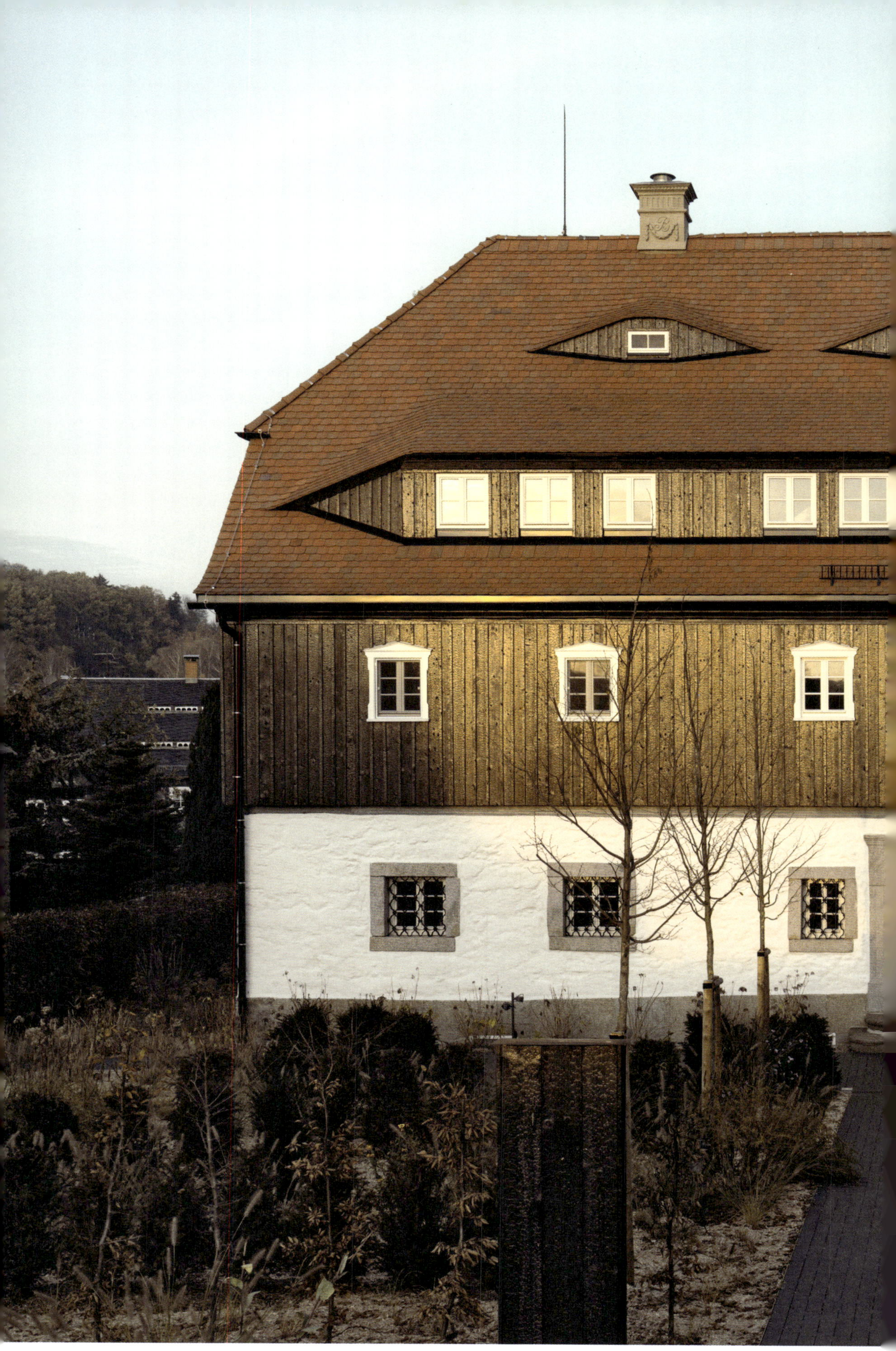

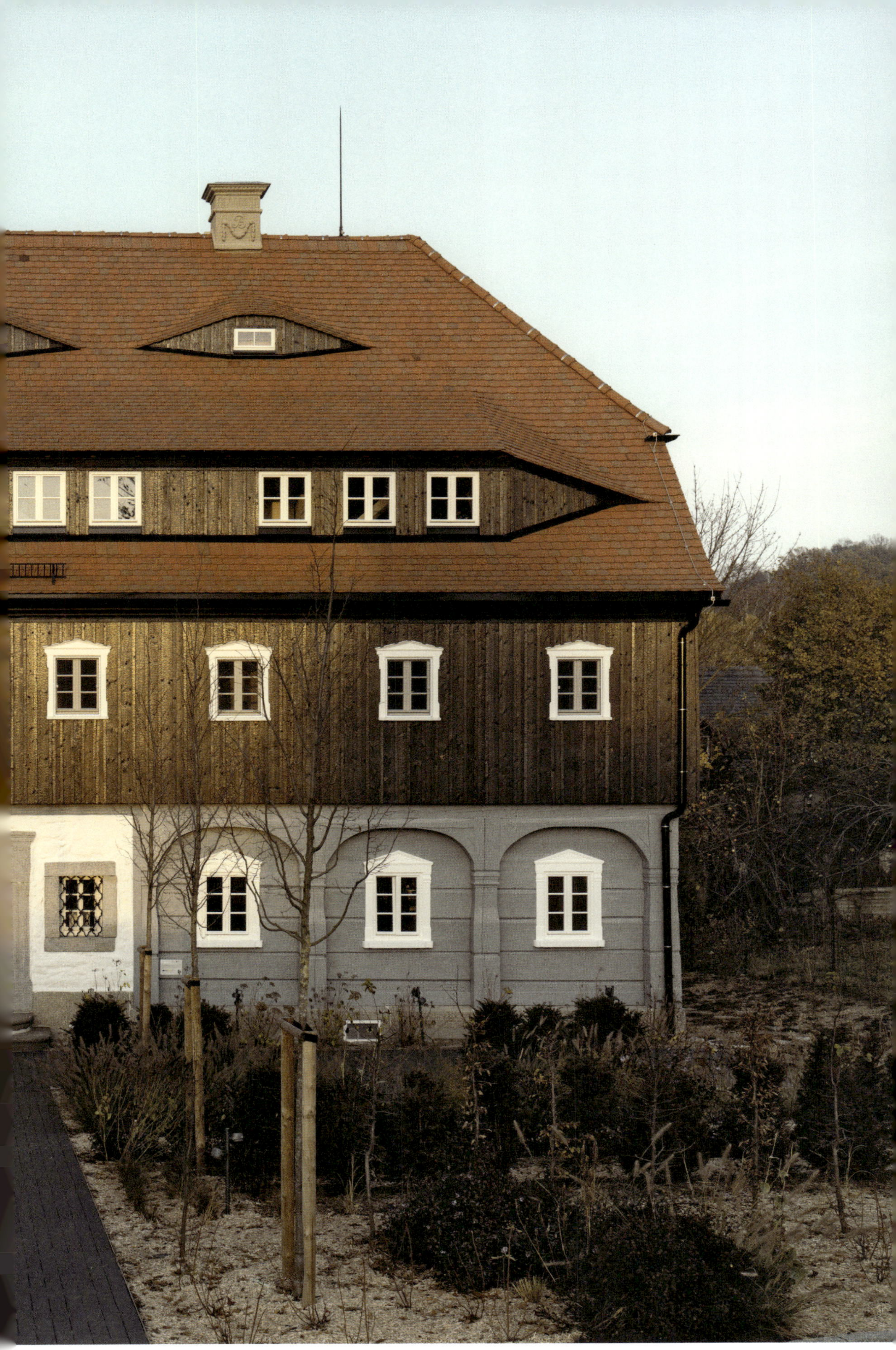

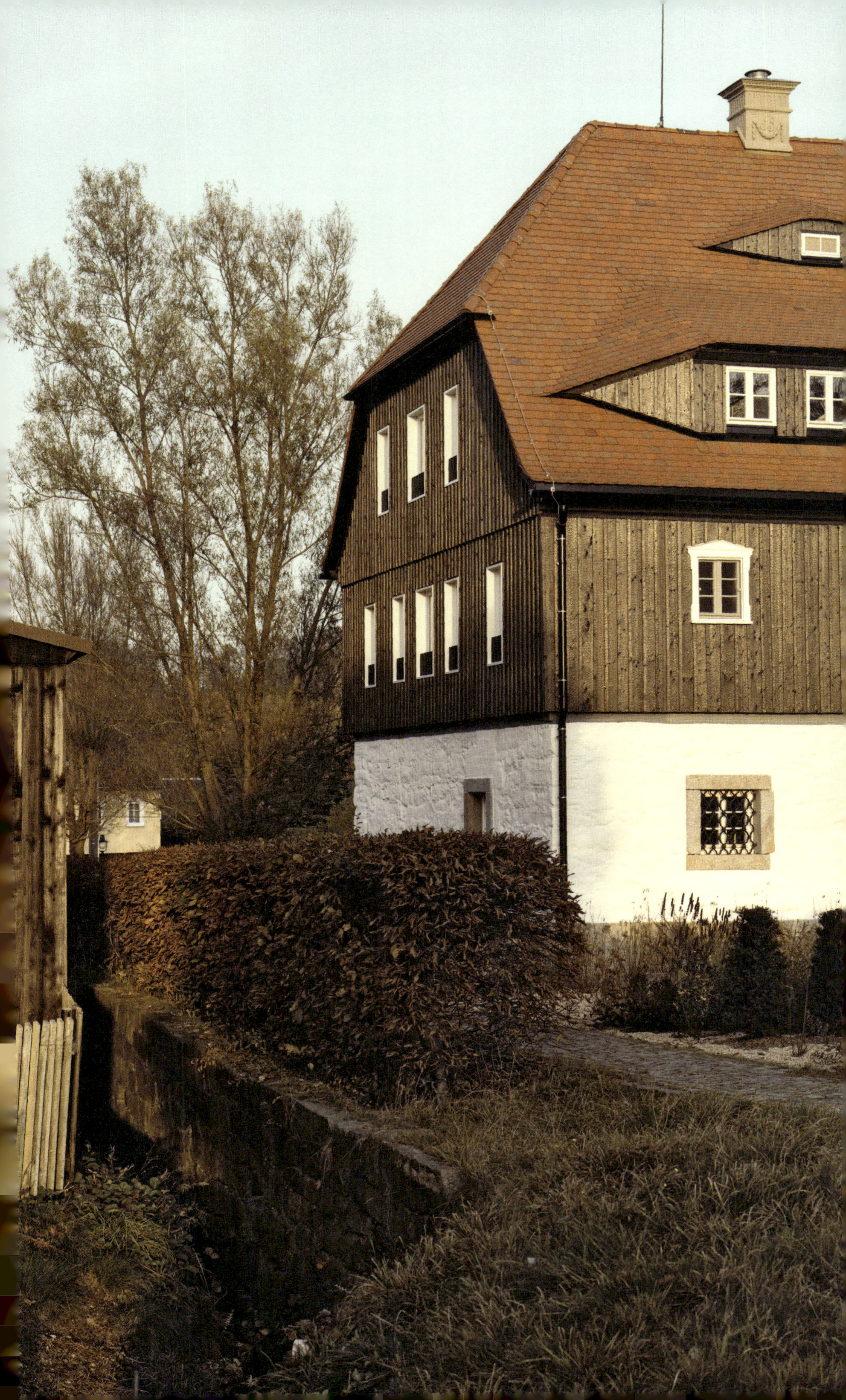

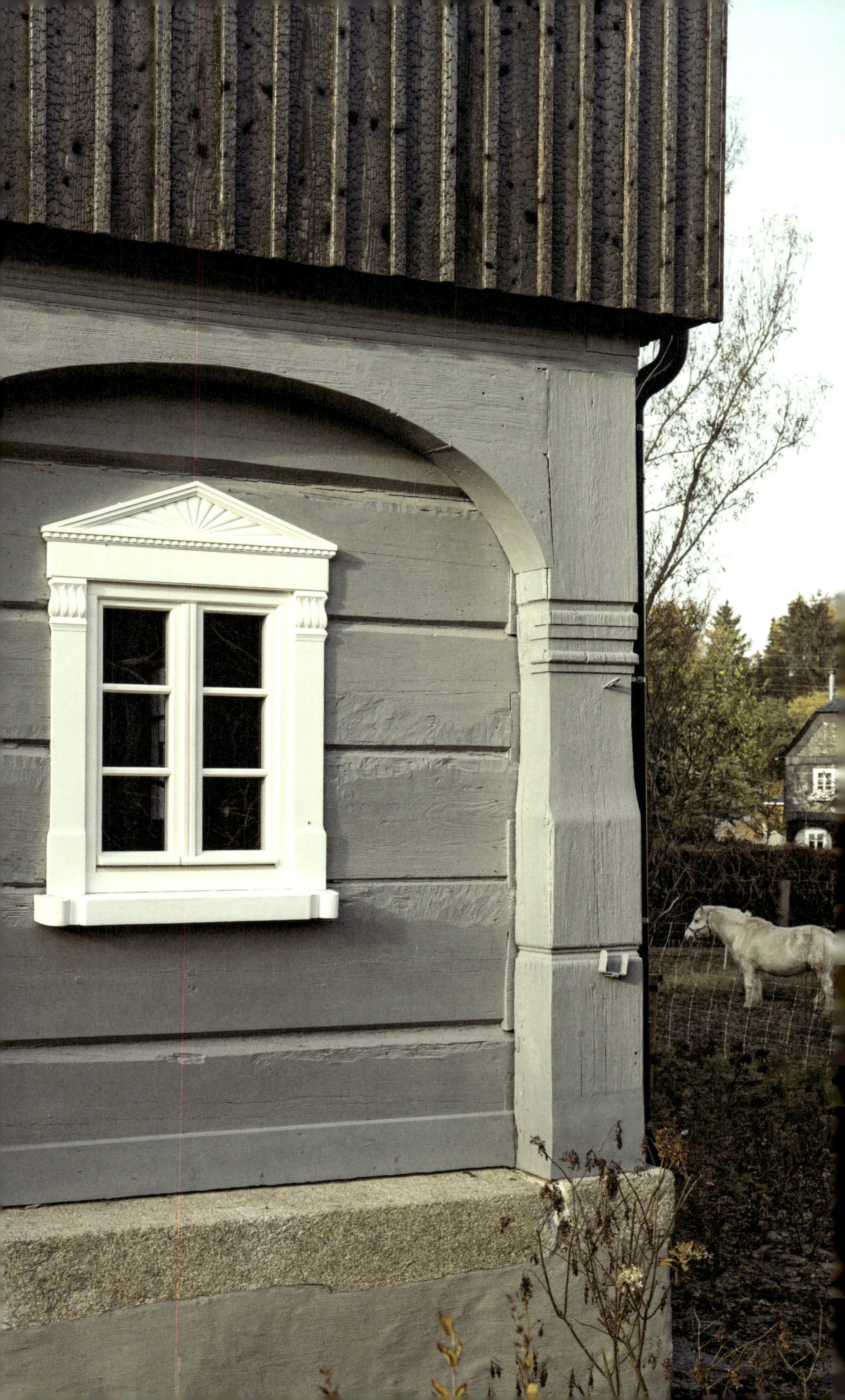

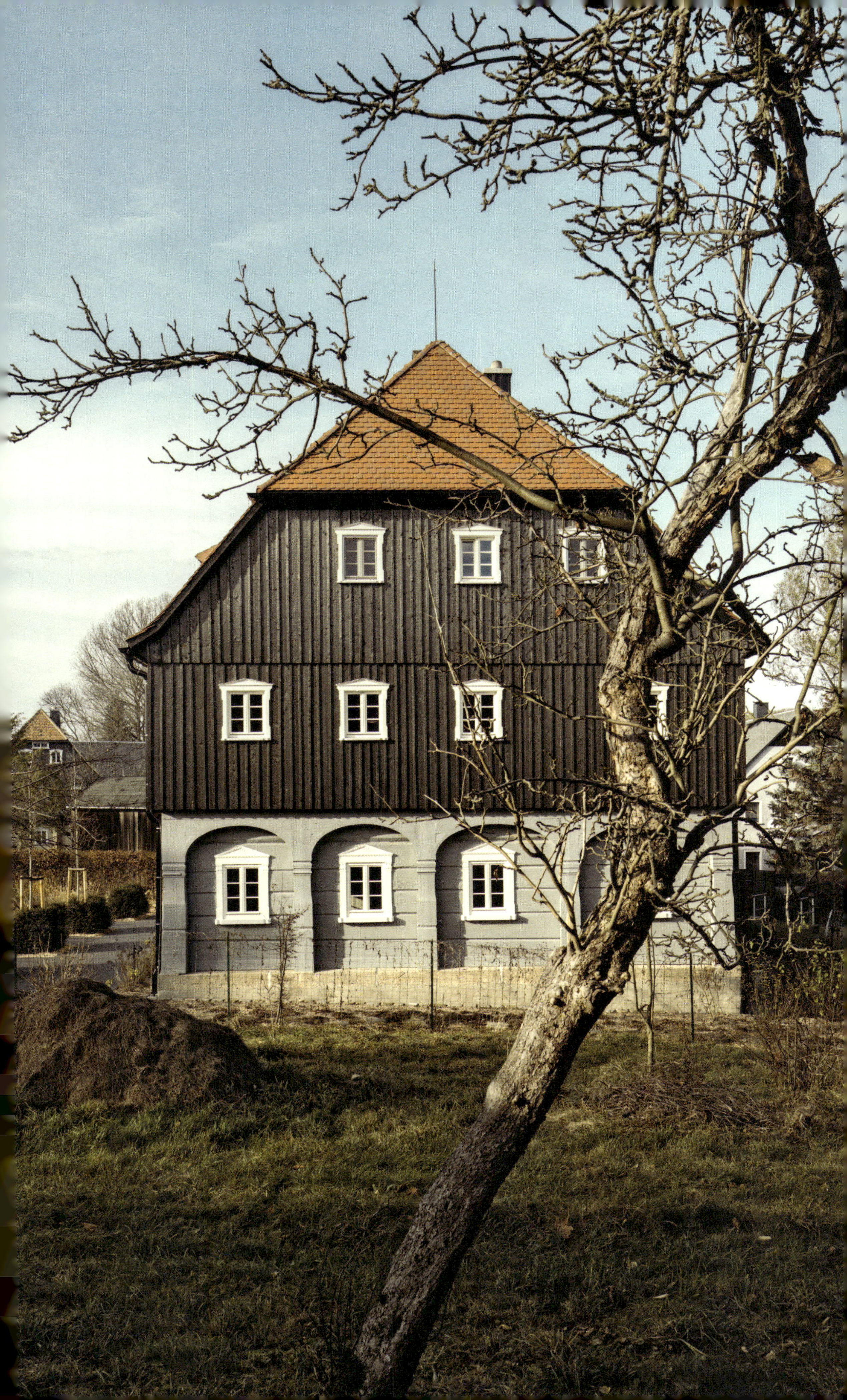

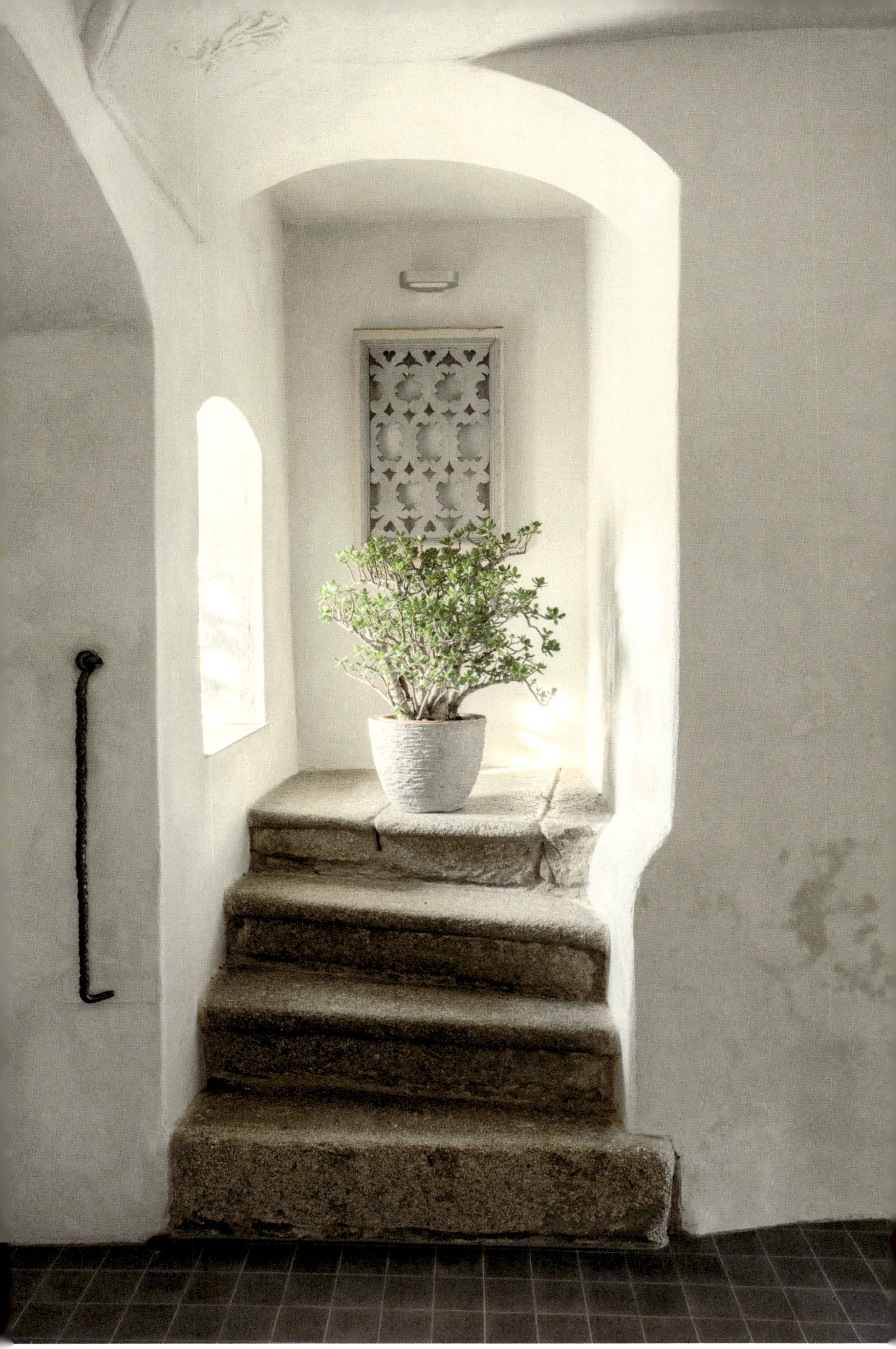

STUDIO KO

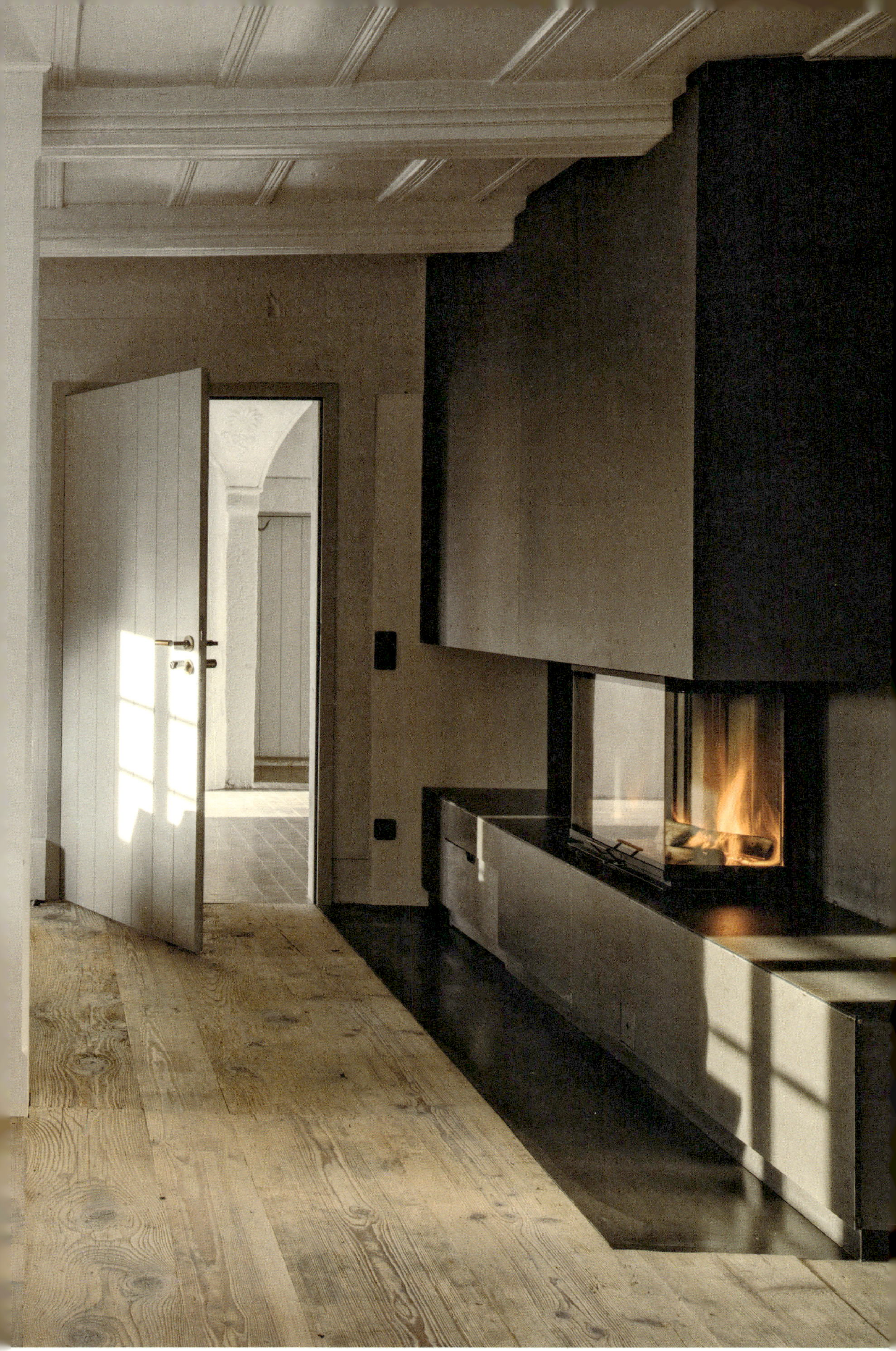

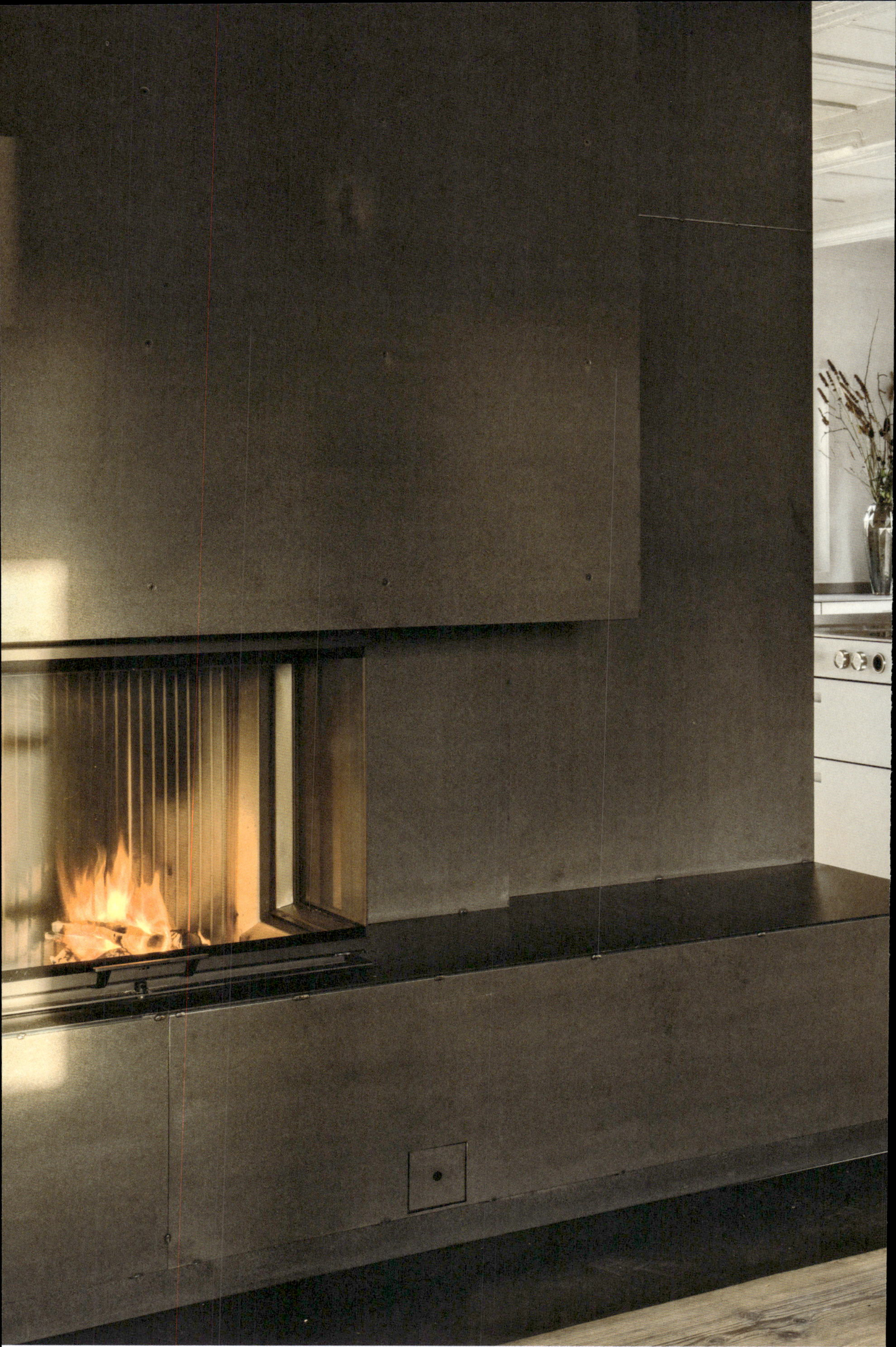

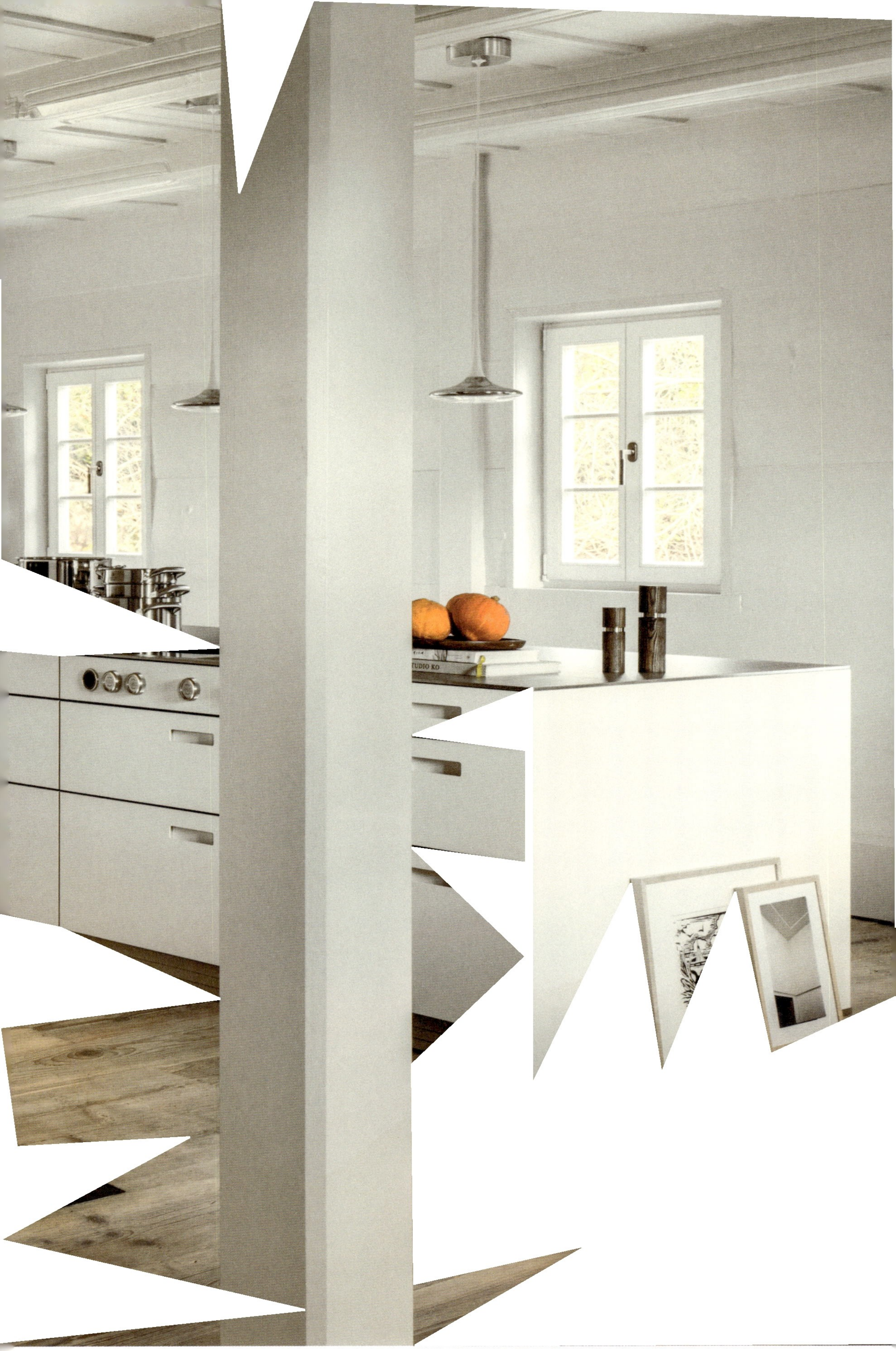
TUDIO KO

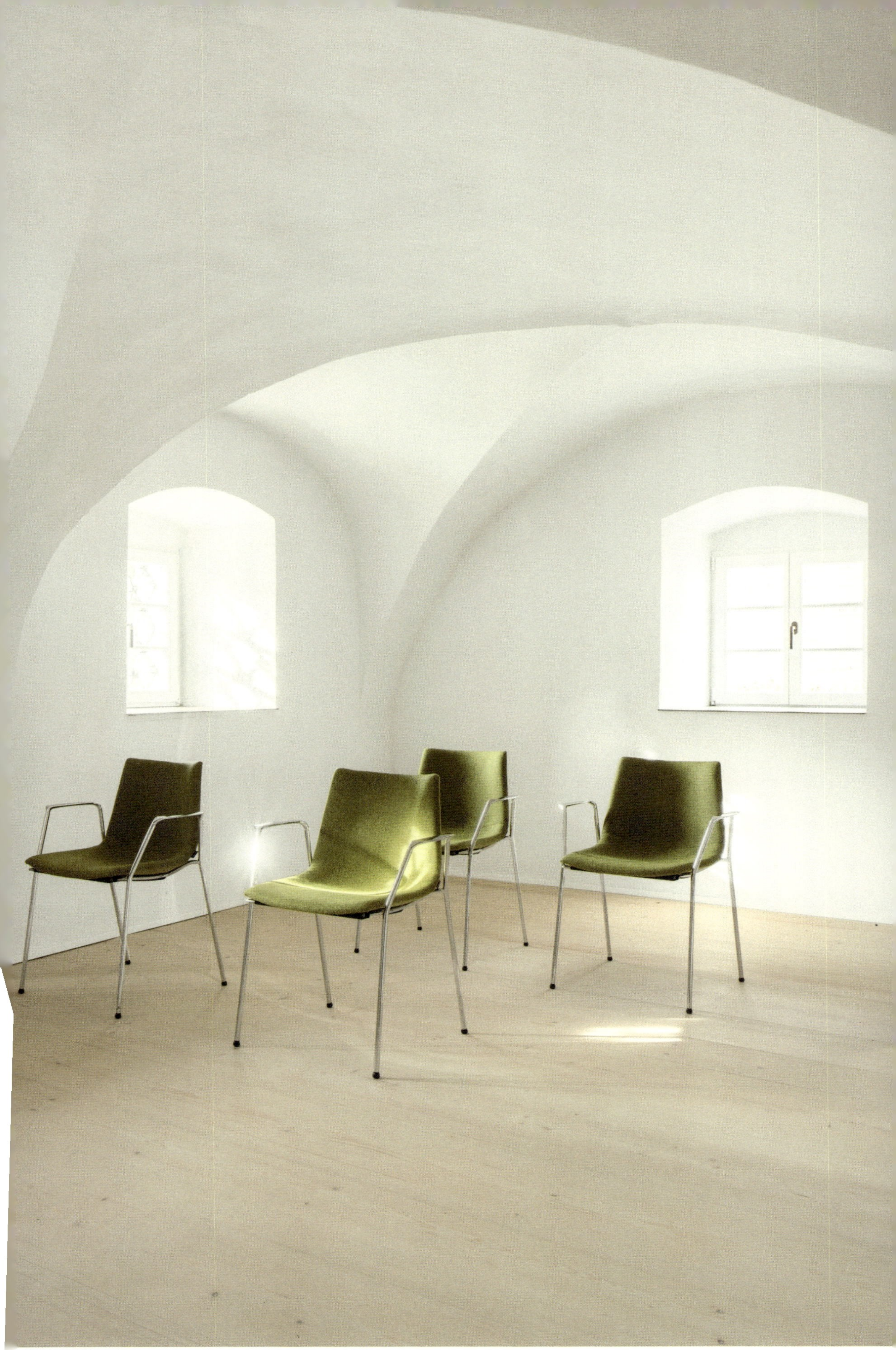

Damen　　　　　　　　　　　　　　　　　　　　　　　　　　Herren

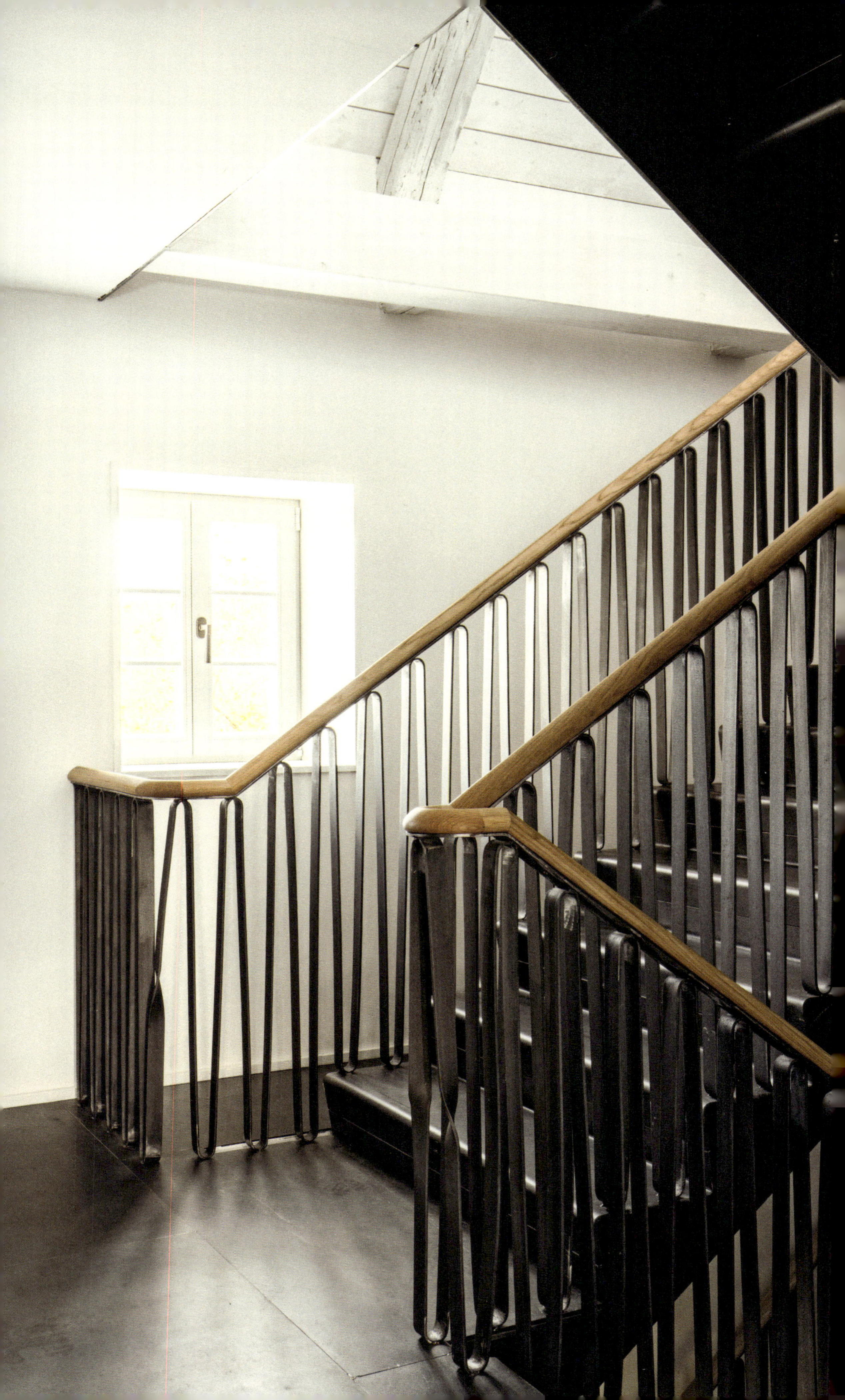

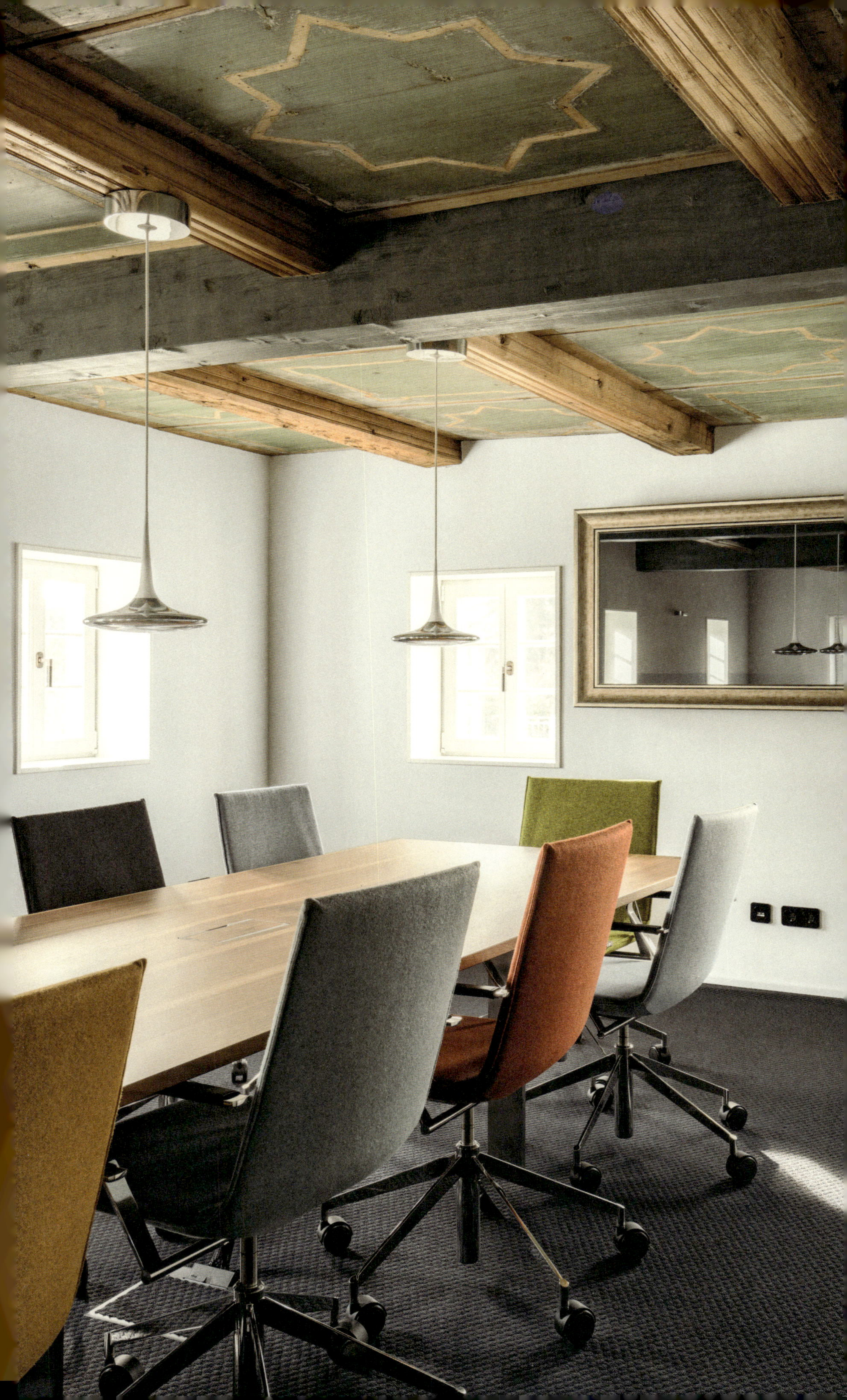

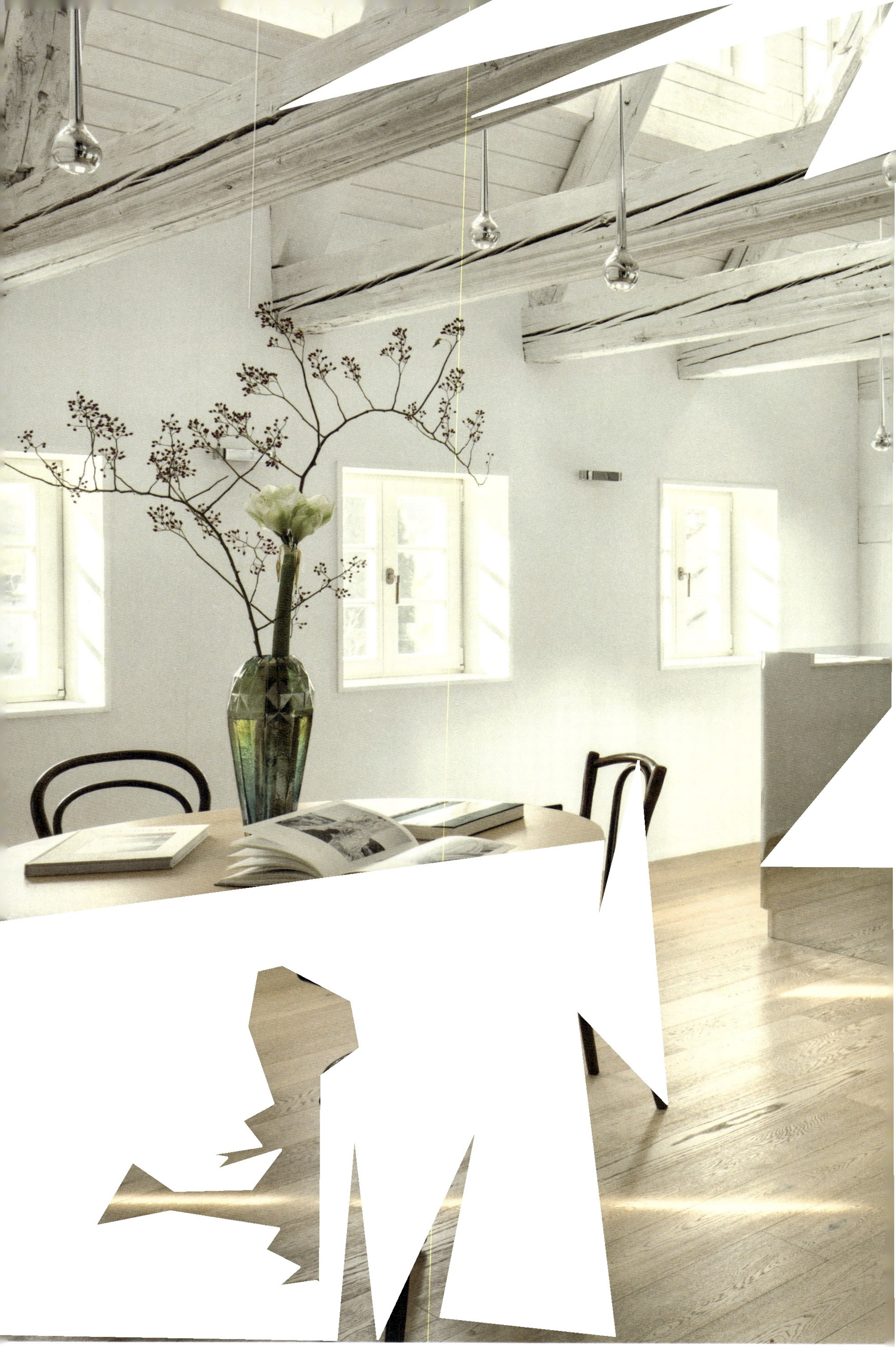

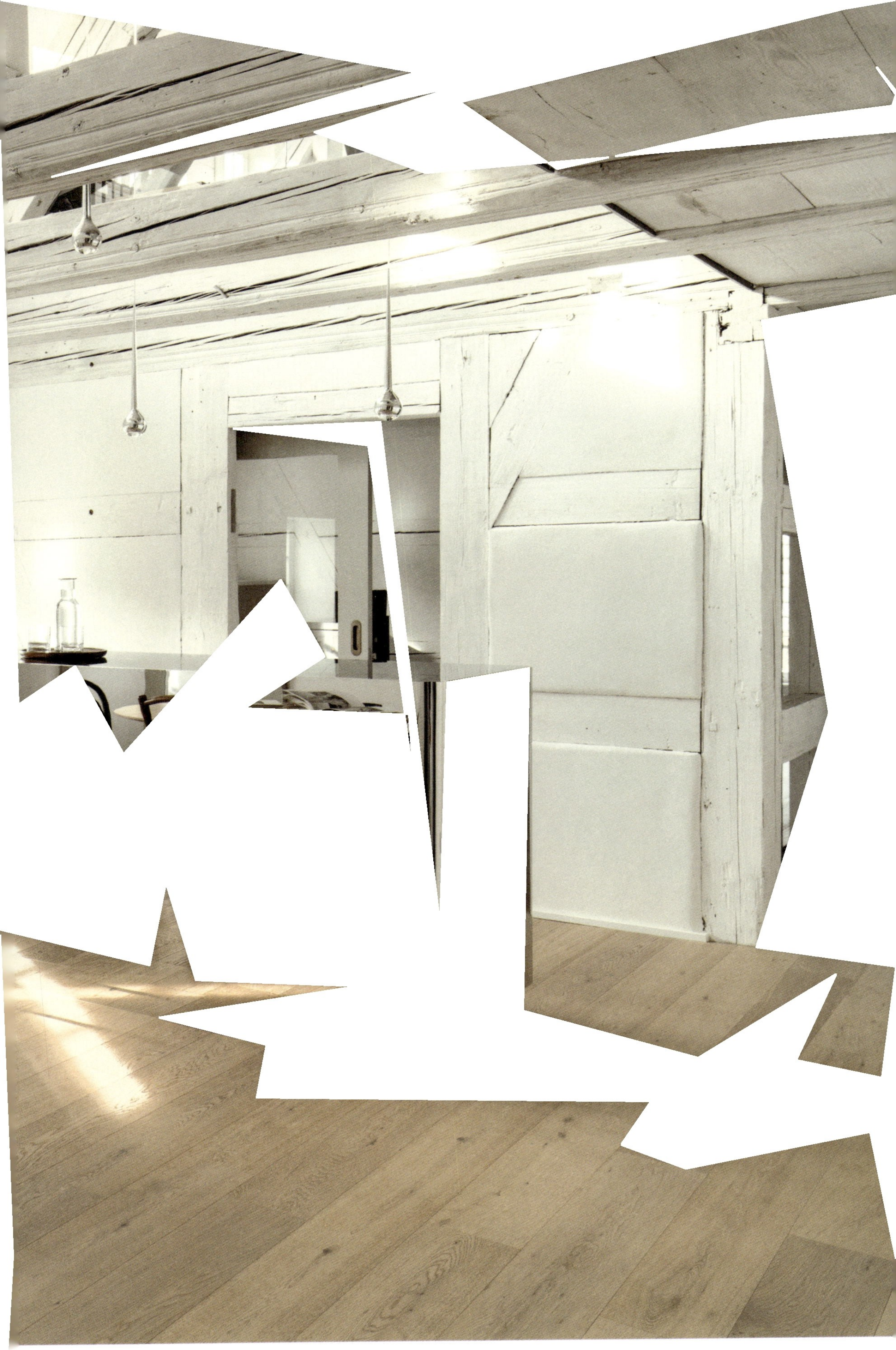

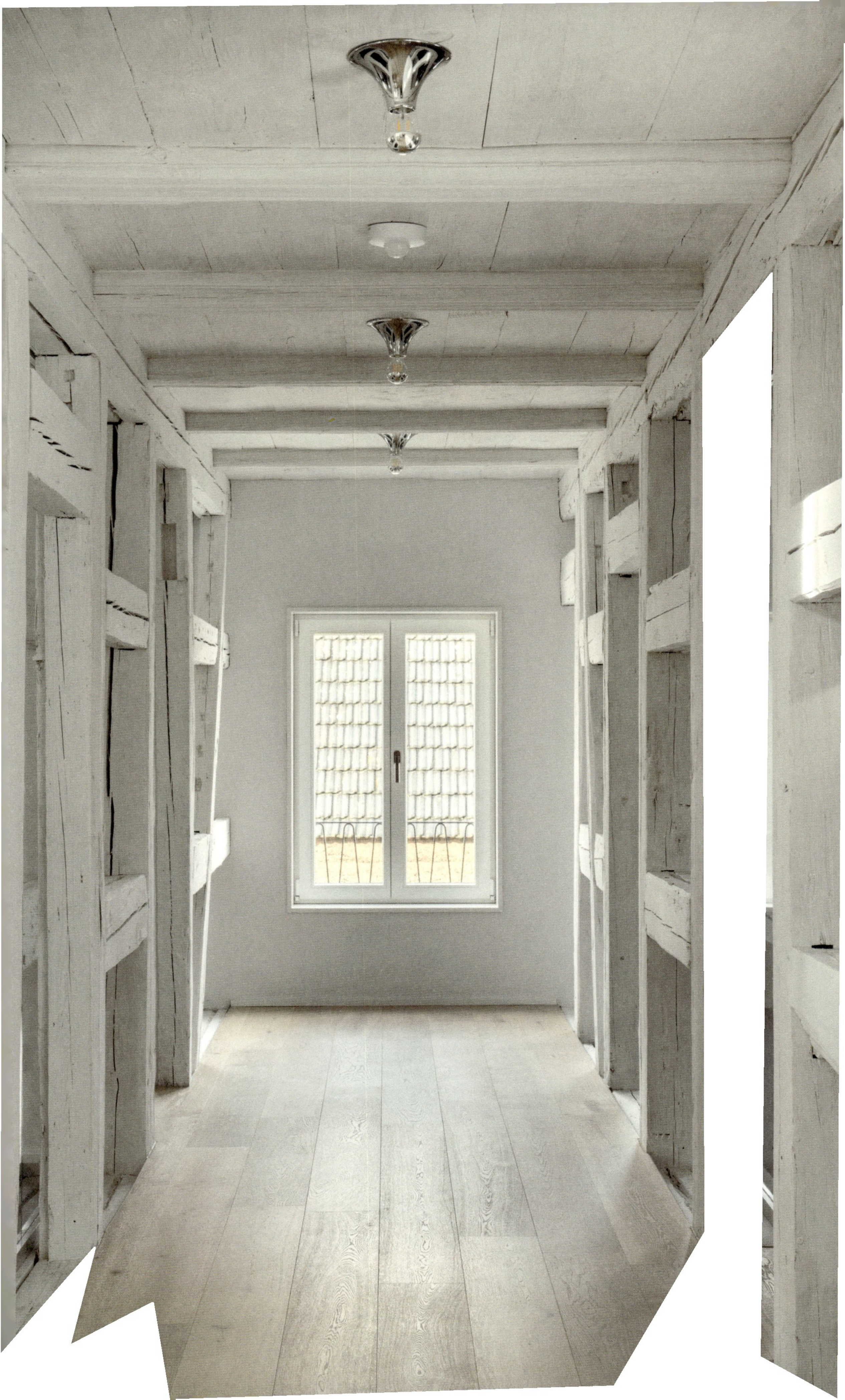

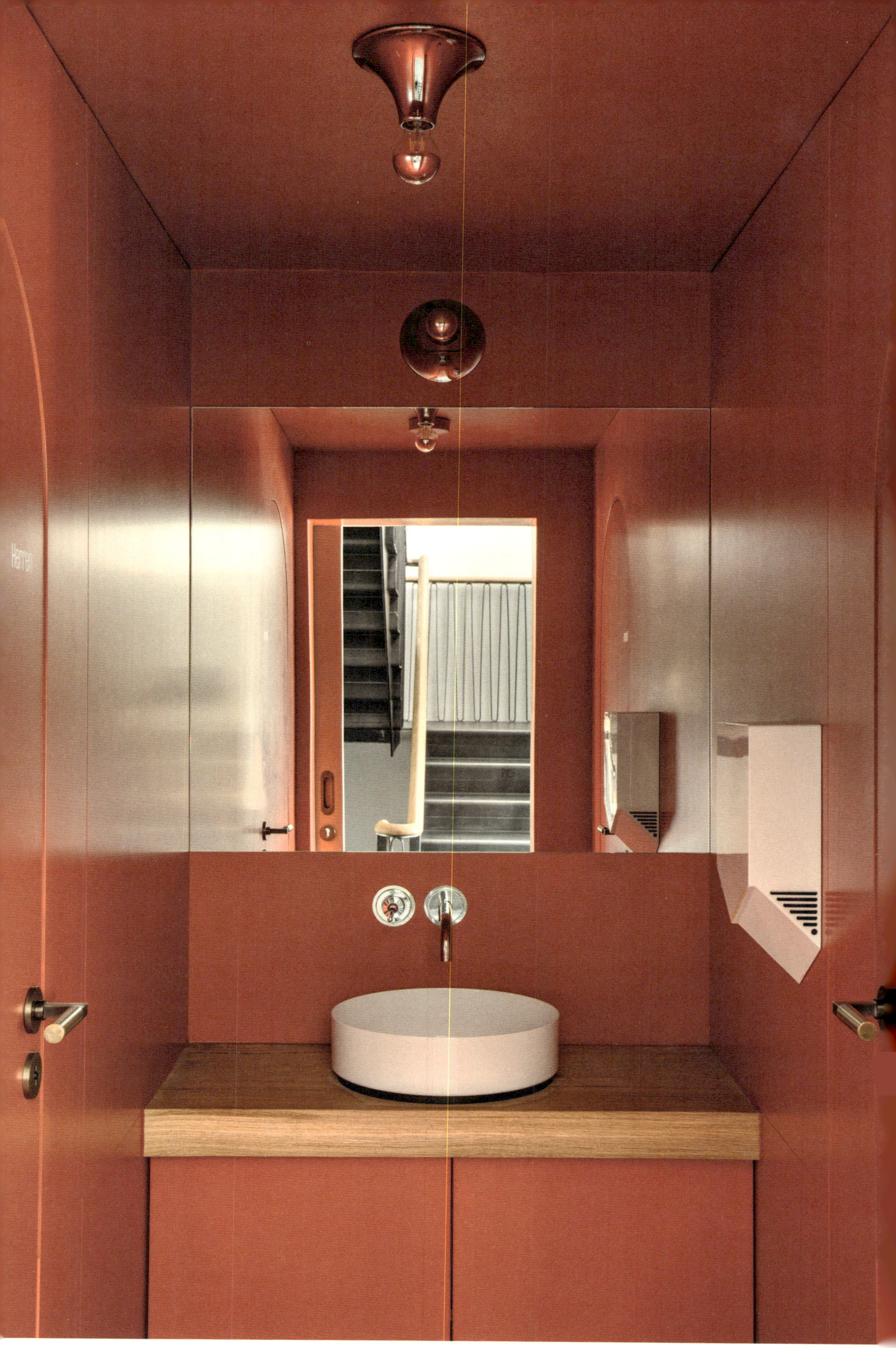
Herren

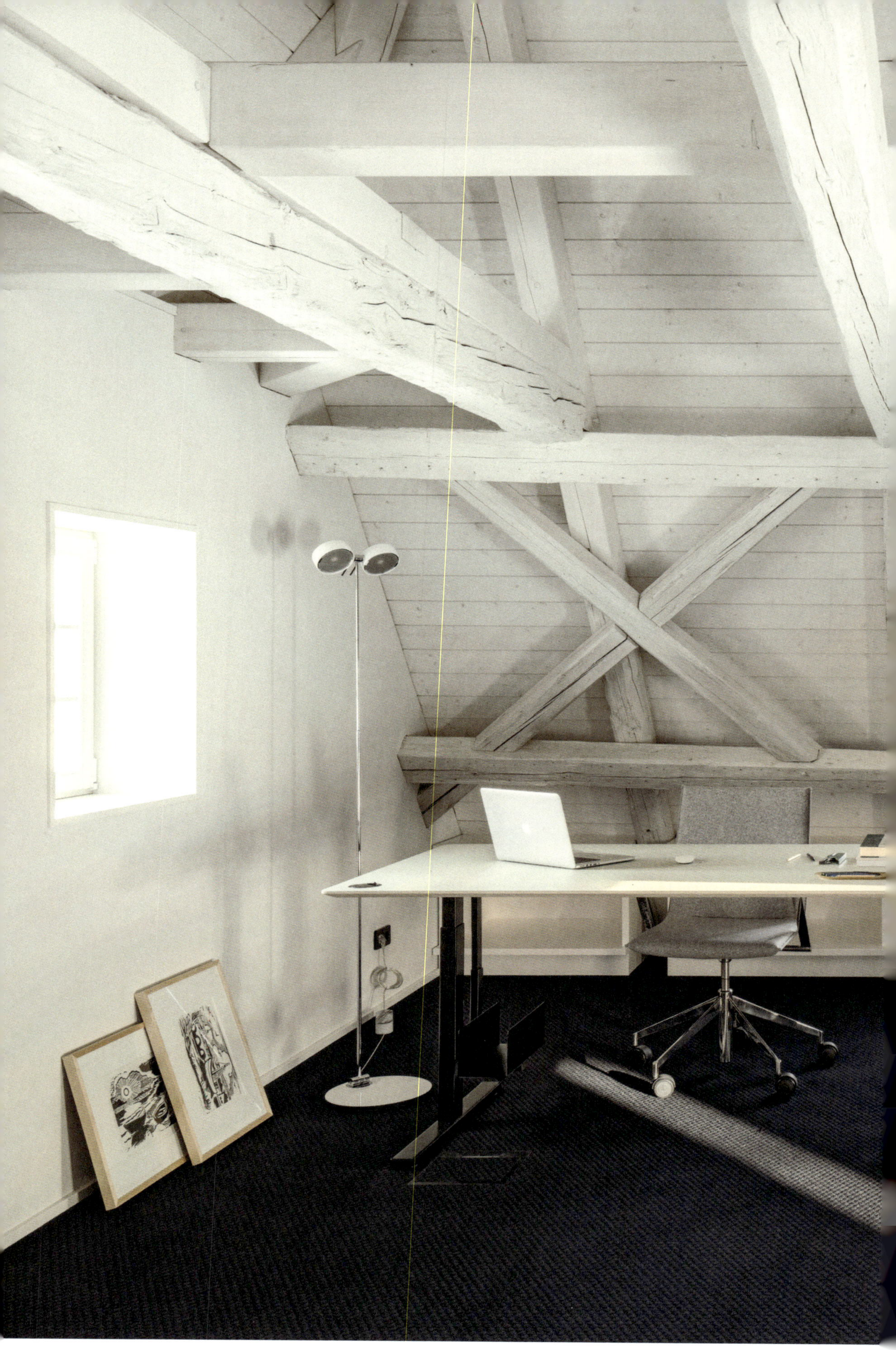

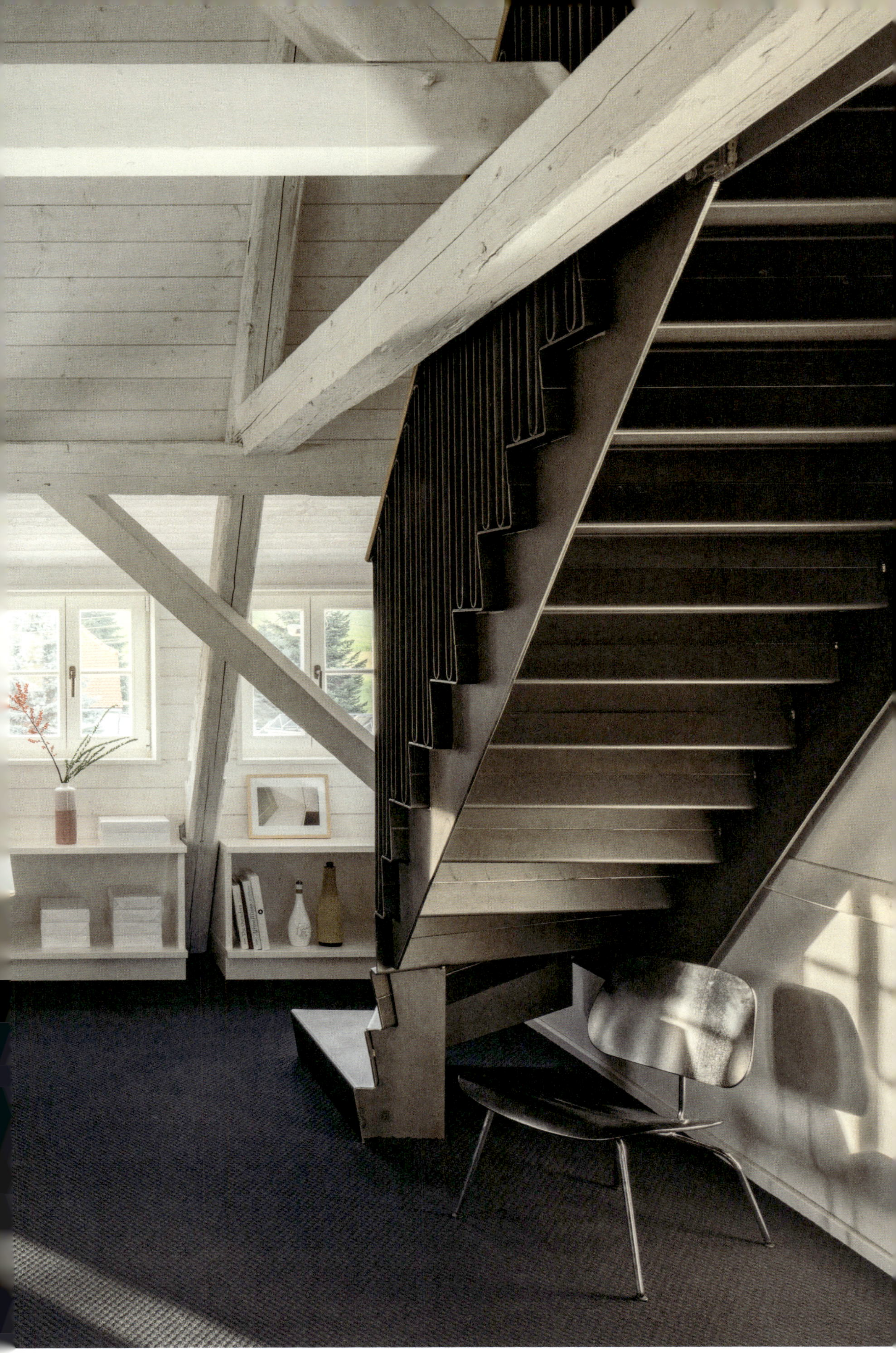

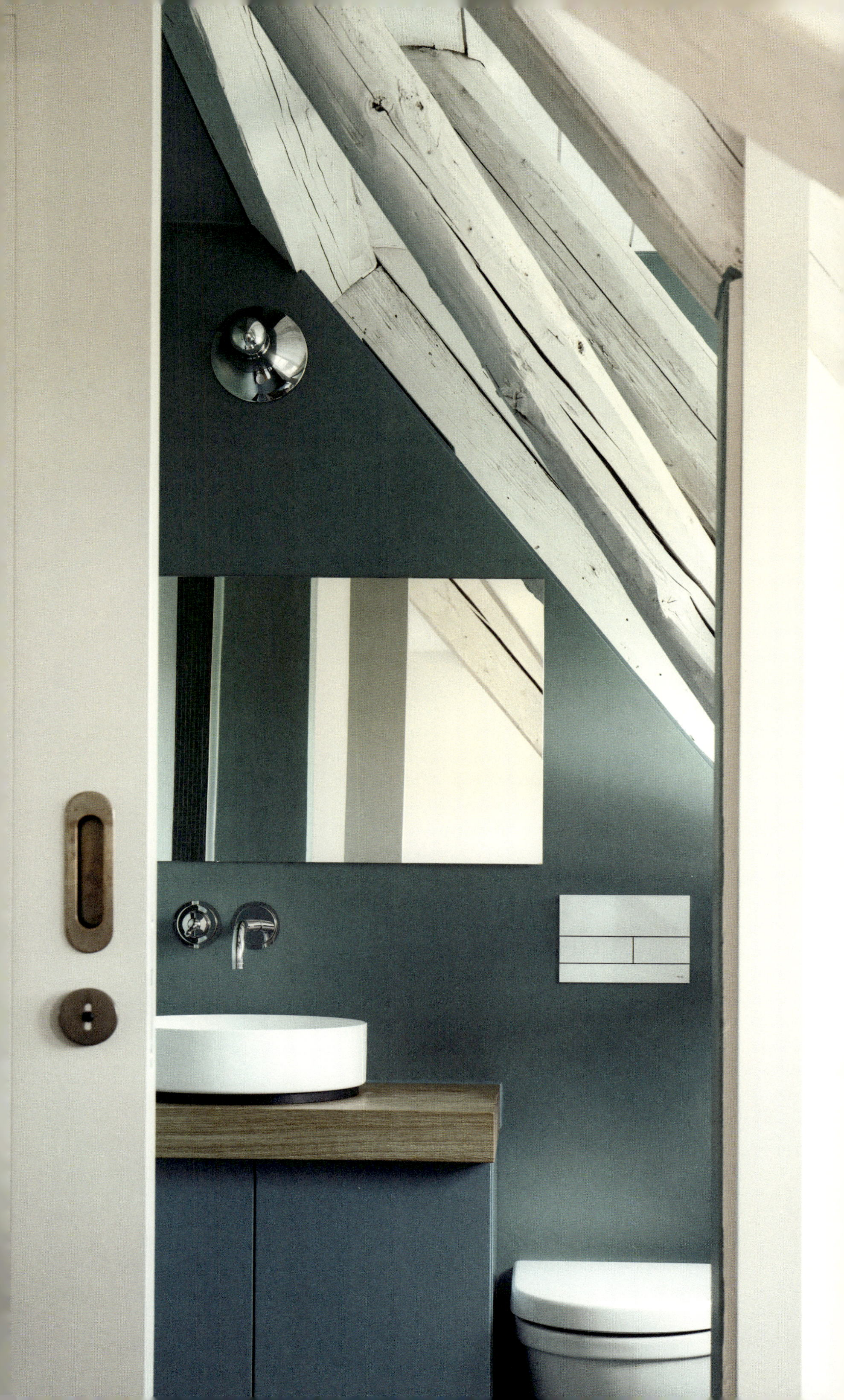

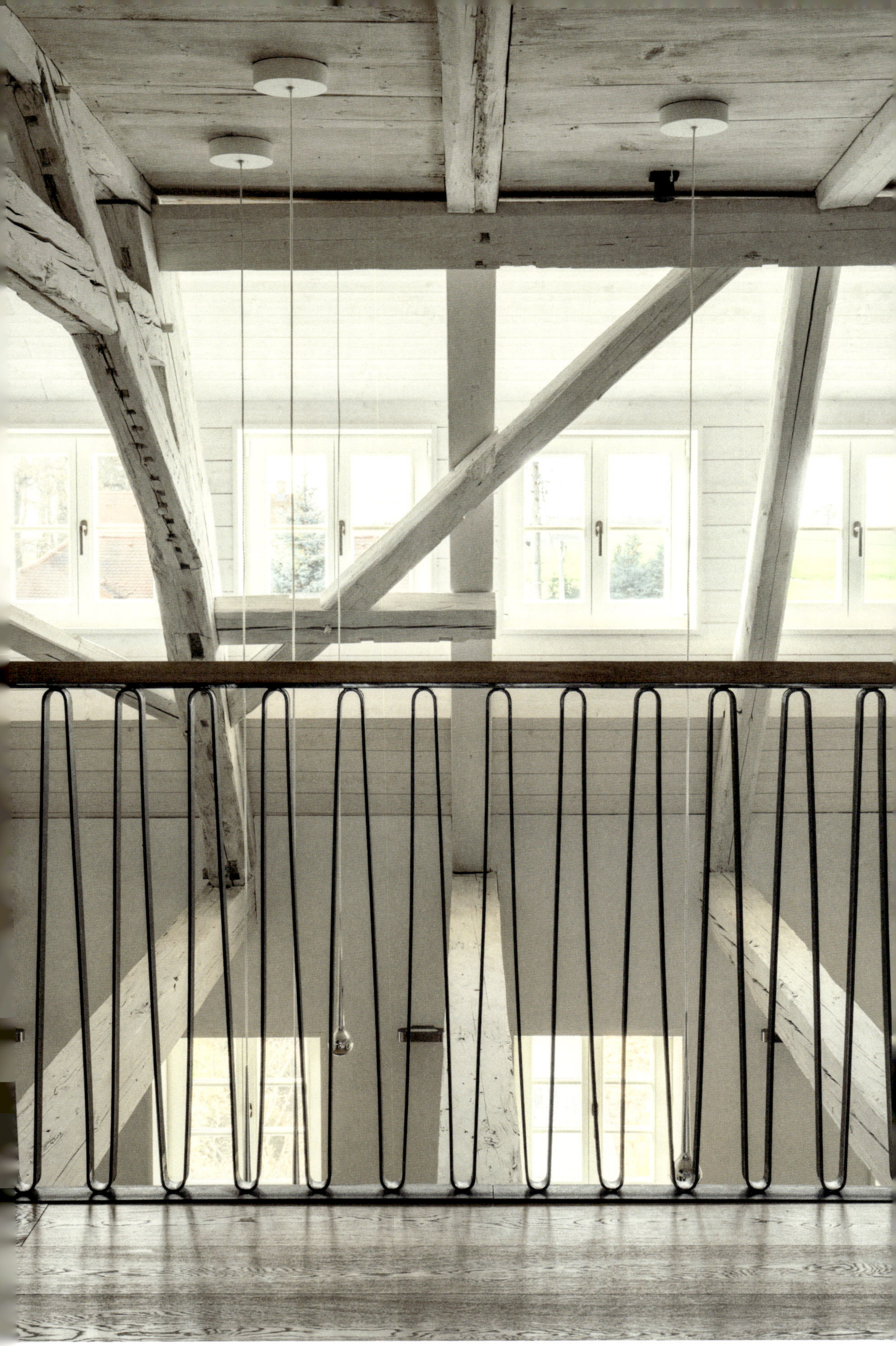

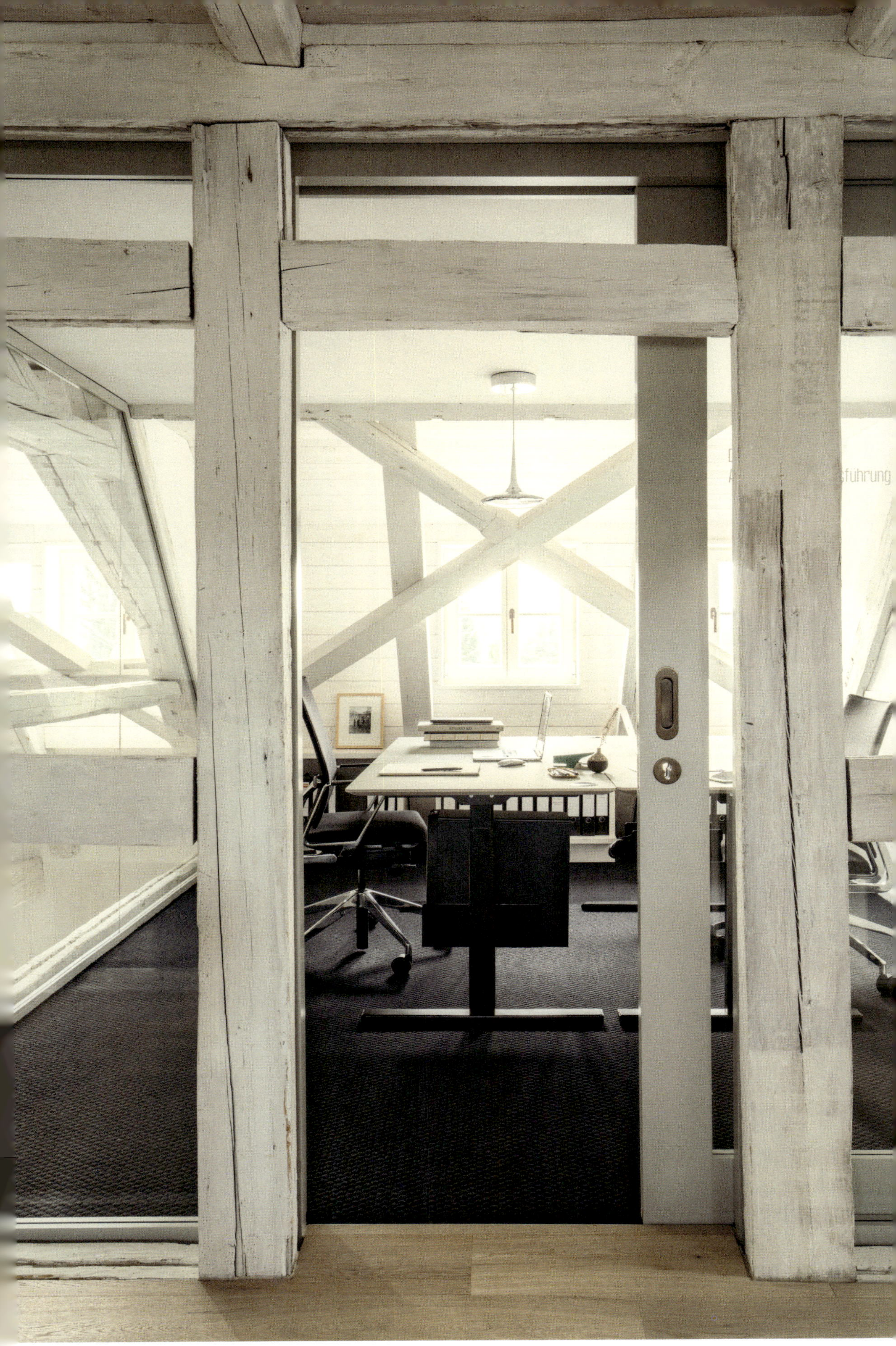

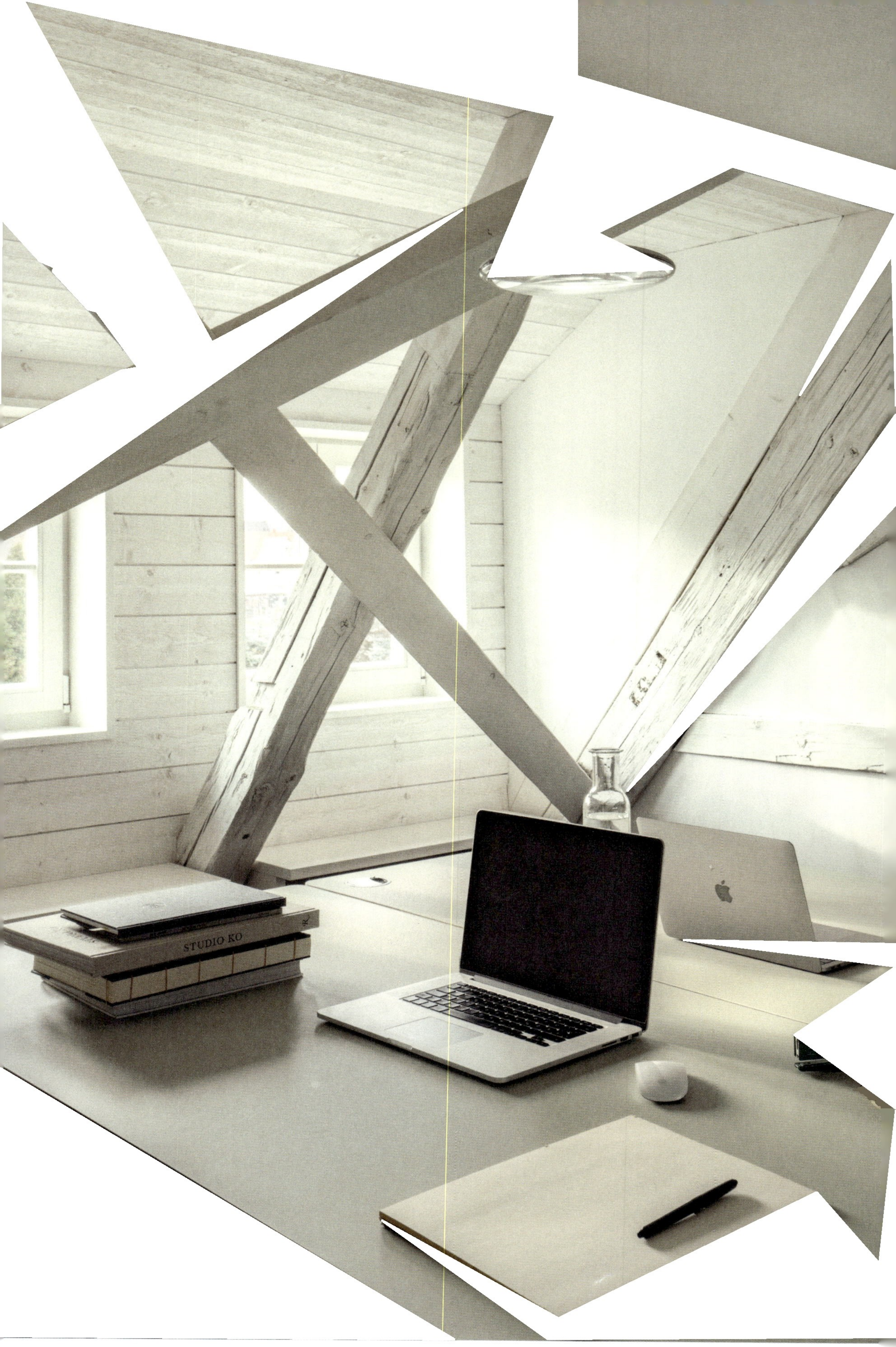
STUDIO KO

GLOSSAR

BIBERSCHWANZ
Dachziegel, dessen gerundete Form an den Schwanz des namensgebenden Bibers erinnert. Der Biberschwanz, der seit dem 14. Jahrhundert Verwendung findet, wird in zwei sich überlappenden und um je einen halben Ziegel versetzten Lagen auf die Dachkonstruktion gelegt, wodurch ein Bild von Fischschuppen entsteht. Mit einem Vorsprung an der oberen Kante wird er so an die Dachlatte eingehängt, dass er auch bei steilen Dächern ohne Verankerung verwendet werden kann.

BLOCKBAU
auch Blockwerk oder Strickbau genannt. Technik aus dem Holzbau, bei der liegende Rund- oder Kanthölzer so aufeinandergeschichtet werden, dass sie sich an den Ecken miteinander verkämmen. Für solche traditionellen Holzverbindungen als Verblattung, Verkämmung oder Verzinkung gibt es im Zimmermann- und Tischlerhandwerk zahlreiche Ausführungsarten (z. B. Verzinkung im → *Schwalbenschwanzverband*).

BLOCKSTUBE
sie bildet im → *Umgebindehaus* als → *Blockbau* das tragende Geschoss und steht frei unter dem Fachwerkobergeschoss. Weil die Blockstube bis ins 19. Jahrhundert als einziger Raum beheizbar war, wurde hier gekocht, gegessen und gewohnt.

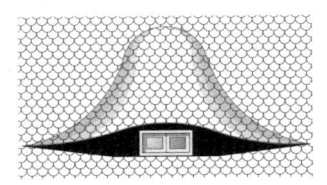

FLEDERMAUSGAUBE
auch → *Ochsenauge* oder Froschmaulgaube genannt. Aufwendige Variante einer Dachgaube, die als konkav-konvexes Element in eine Dachfläche eingebunden ist. Aus dem typischen 1:3-Verhältnis ihrer Höhe zur Breite ergibt sich der charakteristische Schwung der Fledermausgaube, wobei sich das Gaubenverhältnis nach regionalen Gegebenheiten und Art der Dacheindeckung (→ *Biberschwanz*, Schiefer, Reet) richtet. Sowohl bei der Herstellung des Dachstuhls als auch bei der weiteren Dacheindeckung ist die Fledermausgaube aufwendiger als andere Gaubenformen.

HECHTGAUBE
Variante einer Dachgaube mit leicht geschwungenen Gaubenwangen als Übergang zwischen Gaube und Hauptdach, die → *Fledermaus*- und Schleppdachgaube kombiniert. Extrem breite Schleppgauben werden Dachhecht, Hechtgaube oder Hechtfenster genannt.

OCHSENAUGE
auch Rundfenster oder Oculus genannt. Rundes oder ovales Fenster, das in der Regel dekorativ über einem Portal oder im Giebelbereich sitzt. Die seit der Antike bekannte und in der Gotik wiederaufgenommene Fensterform fand ihre Anwendung vor allem im Barock und im Jugendstil.

SUMPFKALKSCHLÄMME
natürlicher und ökologischer Baustoff zum Ausgleichen von Unebenheiten auf Innen- und Außenwänden. Wasserdampfdurchlässig, atmungsaktiv und schimmelpilzhemmend. Sumpfkalkprodukte unterstützen den Abbau von Kohlendioxid und Schwefeldioxid, wodurch sie zu einem gesunden Wohnraumklima beitragen.

SCHWALBENSCHWANZ
mehrfach keilförmig verzahnte, klassische Eckverbindung der Brettbauweise. Der Schwalbenschwanz-Zinken ist auf Zug belastbar und ermöglicht dem Holz, zu arbeiten (z. B. zu quellen und zu schwinden).

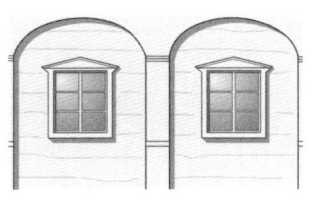

UMGEBINDE
Stützkonstruktion aus Pfeilern, die den Fachwerkoberstock tragen und dabei die → *Blockstube* umbinden.

UMGEBINDEHAUS
traditionelle Haustypologie der Regionen Niederschlesien, Oberlausitz und Nordböhmen, die durch die bauliche Verbindung von der Blockbauweise des Stubenkörpers und dem in Fachwerkbauweise errichteten Dach- bzw. Obergeschoss ein besonders markantes Erscheinungsbild hat. Das namensgebende → *Umgebinde* besteht aus Pfeilern, welche die massiv gebaute → *Blockstube* im Erdgeschoss umschließen. Erste Umgebindehäuser gab es bereits im 15. Jahrhundert; zu den vier Hauptarten zählen das Weberhaus, das Kleinbauernhaus, das Bauernhaus und das Faktorenhaus. Heute stehen viele Umgebindehäuser unter Denkmalschutz. Im Dreiländereck Deutschland-Polen-Tschechien gelten sie als prägender Bestandteil der Hauslandschaft.

WALDHUFENDORF
auch Reihendorf genannt. Klassische Siedlungsform, die in waldreichen Gebieten wie dem Mittelgebirge nach Rodung entstand.

Quelle: www.stiftung-umgebindehaus.de

JEANETTE KUNSMANN, JUNI 2021

CHRONOLOGIE

AUTORINNEN UND AUTOREN

1785
Errichtung des Gebäudes in regionaltypischer Umgebindebauweise als zweihüftige Anlage mit Nebengebäude für den Faktor Christian Friedrich Zische

1920
Nutzung des Erdgeschosses für eine Wäschemangel, darüber kleinere Wohneinheiten

SEIT 1989
Leerstand

1992
Kauf des Objektes durch die Gemeinde Schönbach; Notsicherung des Daches

1995–2012
Keine Nutzung, weiterer Verfall

2003
Verkauf des Gebäudes an einen russischen Unternehmer

2013
Rückabwicklung des Verkaufs durch die Gemeinde Schönbach

2016
Verkauf an den heutigen Eigentümer Uwe Starke

JULI 2017
Erste Konzeption zum Umbau in ein Verwaltungsgebäude mit teilweise öffentlicher Nutzung durch das Leipziger Architekturbüro Atelier ST

NOVEMBER 2018
Beräumung

FEBRUAR 2019
Beginn von Entkernungs- und Schadenssicherungsarbeiten

FRÜHJAHR 2019
Beginn Rohbauarbeiten

SEPTEMBER 2019
Fassade, Dachstuhl und Dachdeckung abgeschlossen

DEZEMBER 2019
Beginn Innenausbau

JULI 2020
Abnahmen und Übergaben; Inbetriebnahme der Verwaltungsräume

OKTOBER 2020
Übergabe der Erdgeschossräume; Blockstube, inkl. Küche und Kamin werden in Betrieb genommen

---

SILVIA SCHELLENBERG-THAUT & SEBASTIAN THAUT
führen seit 2005 gemeinsam das Architekturbüro Atelier ST in Leipzig. Die Schwerpunkte ihrer Arbeiten liegen auf Kunst- und Kulturbauten sowie besonderen Wohnbauten. Von 2019–2021 lehrten sie gemeinsam als Gastprofessoren an der TU Darmstadt.

UWE STARKE
Als gelernter Tischler mit Architekturstudium leitet der Kaufmann seit 1990 das über 100-jährige Traditionsunternehmen Möbel STARKE mit derzeit sieben Filialen in Sachsen in vierter Generation. Für den Hauptgeschäftssitz des Unternehmens wurde das Faktorenhaus zum Verwaltungssitz umgebaut.

JEANETTE KUNSMANN
studierte Architektur an der TU Berlin, sie ist Autorin und Architekturjournalistin, Veröffentlichungen u. a. bei ARCH+, Baumeister, DOMUS und FAZ. 2015 gründete sie mit Stephan Burkoff den Verlag Mitte/Rand. Seit 2021 betreut sie bei AW Architektur & Wohnen das Ressort Architektur als Redakteurin.

ROBERT RIEGER
ist ein international tätiger in Berlin ansässiger Fotograf mit den Schwerpunkten Architektur, Interieur, Reportage und Portrait.

DANK

IMPRESSUM

UWE STARKE, BAUHERR
JANNASCH NATURBAUSTOFFE
KRÜGER & MÜLLER HAUSTECHNIK
OBJECT CARPET
FSB – FRANZ SCHNEIDER BRAKEL

ERSTE AUFLAGE 2022

© 2022 FÜR DIE TEXTE
BEI DEN AUTOREN

ABBILDUNGEN
S. 7–19, 59–96, 104
© 2022 Robert Rieger

S. 20–45
© 2022 Sebastian Thaut

HERAUSGEBER
Silvia Schellenberg-Thaut,
Sebastian Thaut

atelier-st.de

AUTOREN
Jeanette Kunsmann,
Silvia Schellenberg-Thaut,
Sebastian Thaut
GESTALTUNG
Happy Little Accidents,
Leipzig
LEKTORAT
Karoline Mueller-Stahl,
Leipzig

Alle Rechte vorbehalten.
Kein Teil dieses Buches darf in
irgendeiner Form (Druck, Foto-
kopie oder einem anderen
Verfahren) ohne schriftliche
Genehmigung des Verlages
reproduziert oder unter
Verwendung elektronischer
Systeme verarbeitet werden.

SEPARATIONEN
Steidl image department
GESAMTHERSTELLUNG UND
DRUCK
Steidl, Göttingen

Steidl
Düstere Str. 4 / 37073
Göttingen
Tel. +49 551 4960 60
mail@steidl.de
steidl.de

ISBN: 978-3-96999-090-2
Printed in Germany by Steidl

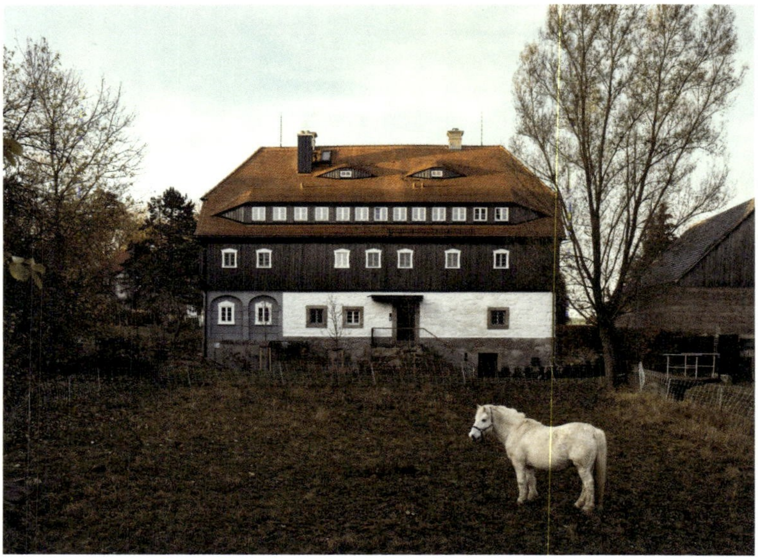